AF358957

Exposition Internationale des Arts Décoratifs et Industriels Modernes
Paris 1925

■

CLASSE 7

Ensembles
de Mobiliers

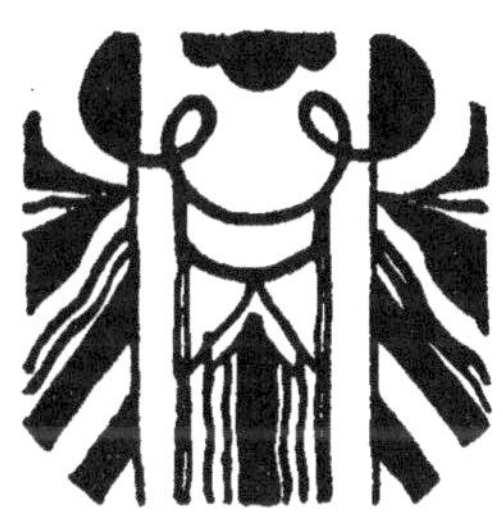

RAPPORT

de la

Commission
d'Examen et
du Comité
d'Installation
par ÉMILE SEDEYN

Classe VII

COMITÉ D'ADMISSION

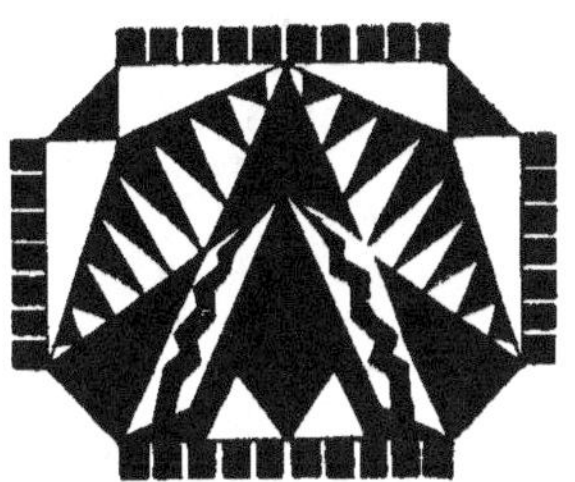

BUREAU

Président .. .. Maurice DUFRÈNE, Décorateur.

Vice-Présidents . Henri MERCIER, Industriel

PILLON, Administrateur-délégué du Bon Marché.

Félix AUBERT, Décorateur, Professeur à l'École Nationale des Arts Décoratifs.

Rapporteur .. Émile SEDEYN, Homme de lettres.

MEMBRES

Arsène ALEXANDRE,
Homme de lettres, Inspecteur général des Musées.

BOISSIEU (de),
Expert d'art.

BOUCHET (Léon Émile),
Architecte-Décorateur, Professeur à l'École Boulle.

BRISAC (Marc),
Amateur d'art.

BOISSY (Gabriel),
Critique d'art.

CLADEL (Mlle Judith),
Critique d'art.

DEVRIÈS (Maurice),
Directeur du Salon du Goût Français.

DOUCET,
Collectionneur.

DOMERGUE-LAGARDE,
Artiste peintre.

DUMONTHIER,
Administrateur du Mobilier National.

EVRARD,
Vice-Président de la Chambre Syndicale de l'Ameublement.

FABRE (Auguste),
Décorateur.

FILIPPI,
Préfet des Bouches-du-Rhône.

FORSANS.

GALLEREY (Mathieu),
Artiste décorateur, Industriel.

GOUFFÉ,
Président honoraire de la Chambre Syndicale de l'Ameublement.

GUÉRIN,
Industriel.

GUIFFREY,
Conservateur au Musée du Louvre, Secrétaire général et Rapporteur général de l'Exposition française de Copenhague.

JALLOT (Léon),
Décorateur, Sculpteur sur bois.

JEAN (René),
Critique d'art.

JOURDAIN (Francis),
Architecte décorateur.

MARCOU,
Inspecteur général des Monuments historiques.

MARE (André),
Architecte décorateur.

MIGEON (Gaston),
Conservateur honoraire au Musée du Louvre.

MONTAGNAC (Pierre Paul),
Architecte décorateur.

NATHAN (Fernand),
Architecte décorateur.

NICOLAS,
Président du Comité régional de Caen.

NOEL,
Fabricant de Meubles.

PRÉAUBERT,
Président du Comité des Arts appliqués à Nantes.

PRUNIER,
Amateur d'art.

RONSIN,
Directeur de l'École des Beaux-Arts de Rennes.

SALOMON,
Industriel, Fabricant de meubles.

SANGOUARD,
Industriel, Fabricant de meubles.

SEGAUD,
Artiste peintre.

SELMERSHEIM (Pierre),
Architecte décorateur.

SOUBRIER,
Industriel, Fabricant de meubles.

THIÉBAUX,
Industriel, (Maison Soubrier).

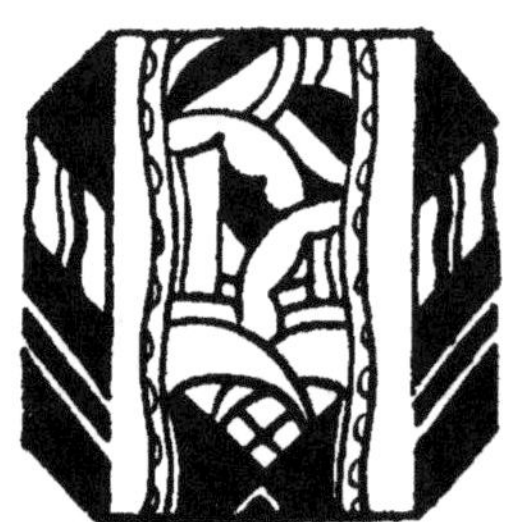

JURY des Récompenses

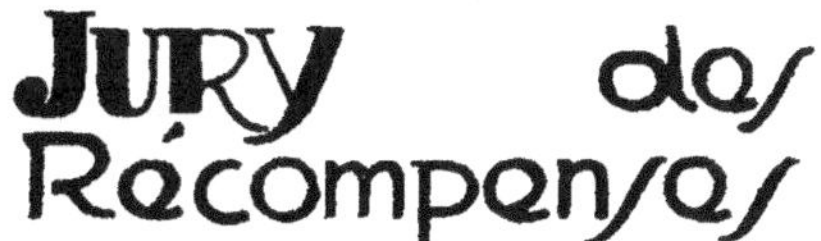

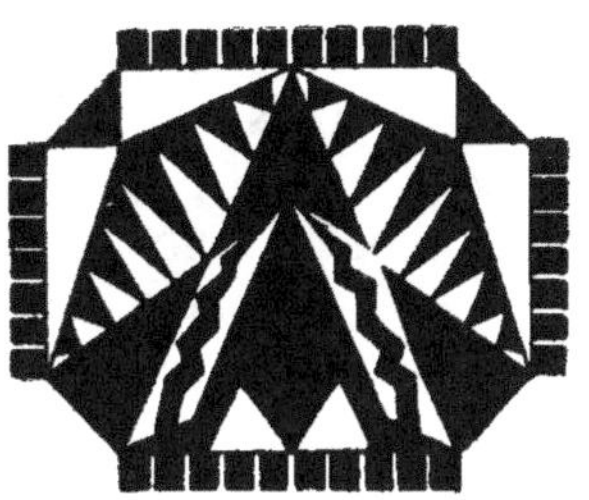

Maurice DUFRÈNE, Président . . . . *France*
Henri MERCIER, Vice-Président . . . . *France*
VAN DE VOORDE, Vice-Président . . . . *Belgique*
Yvanhoé RAMBOSSON, Rapporteur . . . . *France*

JURÉS TITULAIRES

BEIRNAERT	*Belgique*		Paul MULLER . .	*Luxembourg*
Giovanni CHEVALLEY . .	*Italie*		NEDVED	*Tchécoslovaquie*
			Ragnar OSTBERG .	*Suède*
CINK AD	*Tchécoslovaquie*		PILLON	*France*
Winceslas d'ERGEVILLE . .	*Pologne*		Marquis de RESSEGUIER .	*Autriche*
FREITAG	*Suisse*		SADYKER	*U. R. S. S.*
HAIRON	*France*			
JALLOT	*France*		SKYRIANOS	*Grèce*
LLORENS ARTIGAS	*Espagne*		Léon SNEYERS . .	*Belgique*
			STOJANOVIC	*Yougoslavie*
Major LONGDEN .	*Gde Bretagne*		VAN DER PLUYM	*Pays-Bas*
Karl MADSEN . .	*Danemark*		DAVID WEILL . .	*France*

JURÉS SUPPLÉANTS

Pierre CHAREAU.. *France*

Maurice NOEL. .. *France*

EVRARD.. .. .. *France*

Charles THIÉBAUX *France*

DRIESMANS .. .. *Belgique*

Gunnar
  CEDERSKIOLD. *Suède*

Antoine MALA-
  CHOWSKI . .. *Pologne*

Pierre
  SELMERSHEIM . *France*

Maurice DEVRIÈS *France*

Pierre
  MONTAGNAC.. *France*

ANGST .. .. .. *Suisse*

OETIKER .. .. *Suisse*

POLIAKOV .. .. *U. R. S. S.*

Edward
  THOMSEN.. .. *Danemark*

EXPERT

HIRSCH .. .. .. *France*

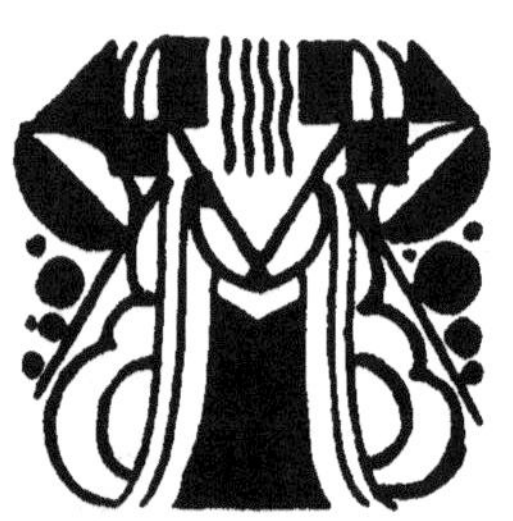

RAPPORT

Chapitre I

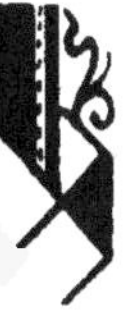

Principe et Objectif

Le 14 avril 1924, le Comité de la Classe 7 tenait sa première réunion au Grand Palais, autour d'une centaine de dossiers vides. Le 10 juin 1925, il accueillait les représentants du Gouvernement, guidés par le Commissaire Général, dans les Galeries complètement aménagées et ouvertes aux visiteurs. Entre ces deux dates s'étend une période de travail intense dont le présent Rapport n'entend donner qu'un résumé très sommaire. Disons seulement que tous ceux qui y participèrent, soit comme organisateurs, soit comme exposants, furent dès le premier moment animés de la ferme conviction que la Classe des Ensembles Mobiliers devait constituer l'un des visages les plus expressifs de l'Exposition de 1925, et en quelque sorte son noyau. Le visage pour la séduction, le noyau pour la fécondité.

N'était-ce point en effet à nos stands que le public devait accourir tout d'abord, désireux de s'initier à ce qui l'intéresse avant tout dans l'évolution des Arts Décoratifs, nous voulons dire à l'influence de cette évolution sur l'intérieur du logis, sur le décor de la vie privée, de l'intimité ?

Et n'allait-il pas trouver, le public, dans les galeries de la Classe 7, harmonieusement groupés, et présentés dans leur ambiance normale, tous ces produits du goût, de l'ingéniosité, du génie de notre époque, ailleurs disséminés dans mille vitrines, alignés comme à la parade et non comme dans la réalité, les meubles, les tentures, le luminaire, l'orfèvrerie, la céramique, les bibelots, l'indispensable et le superflu bien plus indispensable encore de nos habitations, de notre existence.

Ailleurs, on avait à organiser un spectacle, à improviser un musée, une suite de musées. A la Classe 7, il fallait donner l'impression de la vie, et de la vie la plus neuve, la plus imprévue, la plus tentante et la mieux accueillante, la vie de demain.

Certes, notre prétention n'allait pas jusqu'à supposer que le succès de l'Exposition pouvait dépendre de l'importance et de la bonne présentation d'une de ses classes. Nous tenions compte des mille autres facteurs qui contribuent au succès d'une Exposition : son aspect général d'abord, puis les enchantements variés répandus aux alentours des galeries, et nous savions d'avance que l'art décoratif allait être en 1925 le prétexte d'une fête mémorable, où la musique et la danse, le théâtre, les jeux combinés des lumières et des eaux, enfin la gastronomie elle-même, auraient leur part.

Cependant, tout au moins dans l'esprit de ses organisateurs, une Exposition est autre chose qu'une fête. Elle a des fins plus élevées que le plaisir, et plus précises que le chatoyant étalage de l'activité artistique. Dans l'opinion des hommes qui la préparaient, l'Exposition de 1925 devait montrer au monde le réveil définitif de l'esprit créateur dans nos industries d'art, trop longtemps portées à vivre sur leur riche patrimoine, sans l'augmenter d'acquisitions nouvelles. Réveil attendu, et célébré longtemps à l'avance dans maints discours et manifestes ; réveil préparé, au cours des trente dernières années par l'activité persévérante et l'émulation si méritoire des artistes.

Il fallait que cette démonstration fût frappante, et il semblait dépendre pour beaucoup de la Classe 7 (nous avons déjà dit pourquoi et nous y reviendrons bientôt) qu'elle le fût sous l'aspect à la fois le plus direct et le plus séduisant.

Les visiteurs d'une Exposition sont gens pressés. A peine ont-ils franchi la porte d'entrée que leur devient sensible la fuite éperdue des minutes et des heures. Sollicités par mille appels, ils sentent à chaque instant le temps leur échapper. Ils passent vite, ils traversent à la hâte les galeries où ils s'attarderaient le plus volontiers. Etant à nos yeux la Classe essentielle, mais devant partager avec beaucoup d'autres l'attention du public, il fallait donc que fût avant tout fortement expressive cette Classe que nous étions chargés d'organiser, de faire vivre.

Problème difficile. Nous avions à montrer des décors d'intimité, et il fallait que ces coins d'appartements, avec des moyens discrets, avec du charme, avec de la grâce, avec du silence, s'insinuassent dans la mémoire du visiteur pour y laisser des images probantes et significatives. Il fallait que nous réalisions une Exposition aussi variée que possible en évitant la confusion. Il nous fallait plaider, et il nous fallait convaincre.

Tel fut le but initial de nos efforts. Avant de parler des moyens qu'il était nécessaire de réunir et de mettre en œuvre pour l'atteindre, on nous permettra de résumer les raisons sur lesquelles s'appuyait, dès l'origine, notre ambition de faire de la Classe des Ensembles Mobiliers une des plus significatives de l'Exposition.

■

Lorsqu'après un siècle d'asservissement résigné aux formules des époques révolues, une petite partie de l'opinion française commença de s'intéresser, entre 1890 et 1900, au réveil progressif de l'esprit de recherche et de l'activité créatrice dans les arts appliqués, ce furent des meubles qui lui apprirent cet heureux événement.

Sans doute, l'apparition de ces meubles avait-elle été précédée d'un intense bouillonnement d'idées, et même de quelques réalisations isolées en architecture, en céramique, en ferronnerie. Sans doute, des sculpteurs, des graveurs, des peintres, se tournèrent-ils les premiers vers les *arts mineurs* avec le louable dessein de les féconder, de leur insuffler une énergie nouvelle. Les historiens de l'évolution parvenue aujourd'hui à sa deuxième étape élucideront s'ils le jugent utile cette question de priorité. Ils diront la part des théoriciens, des artistes, et celle des artisans, dans la genèse d'un mouvement qui devait se développer avec lenteur avant de se propager d'une technique à l'autre. Ils n'oublieront ni Eugène Grasset, subtil et patient éducateur, mais aussi fécond créateur et novateur dans plusieurs domaines, ni Gallé, poète dont les coups d'aile entraînèrent plus d'une âme de décorateur qui s'ignorait, ni Roger Marx, cet apôtre si ardent, si compréhensif et si persévérant. Ils diront l'apport considérable des ignorés et des oubliés, trop nombreux dans cette période encore si proche de nous, qui va de 1890 à 1910. Ce que l'on peut affirmer ici avec certitude, c'est que l'art décoratif renaissant ne pouvait trouver son expression la plus rigoureuse, la plus révélatrice, que dans le mobilier, et surtout dans les ensembles mobiliers.

L'attention du public pouvait certes se trouver retenue par des travaux isolés, par des objets usuels traduisant une conception nouvelle du décor de la vie. Seuls, des ensembles d'aménagements intérieurs pouvaient lui démontrer l'importance artistique, la signification, l'avenir, la portée d'un tel présage.

Ce fut donc très logiquement que la nécessité de présenter des ensembles mobiliers apparut tout de suite aux décorateurs et aux artisans qui se proposaient, il y a vingt-cinq ou trente ans, non point de détrôner les styles du passé, ni de créer d'emblée un style nouveau (intention qu'on leur a tant de fois prêtée avec un excès de générosité assez regrettable) mais plus simplement d'œuvrer pour leur époque, en s'inspirant de ses goûts, de ses besoins, de ses tendances.

Sous mille influences diverses, l'existence de l'homme des villes s'étant sensiblement modifiée au dix-neuvième siècle, le problème de l'habitation et de son aménagement intérieur comportait d'innombrables données nouvelles, jusqu'alors négligées. Les lois de l'hygiène, de plus en plus impérieuses, les perfectionnements apportés aux méthodes de chauffage et d'aération, l'avènement d'un goût déterminé pour les formules simples et logiques, tout cet ensemble de causes, après avoir agi sur la société, sur la famille, sur les mœurs, allait agir sur leur cadre. Tout y était à renouveler, c'était donc bien à l'ensemble qu'il fallait s'attaquer, en commençant par le commencement, c'est-à-dire par la décoration murale et par les meubles.

Au surplus, pour intéresser les contemporains (et les contemporaines) à de telles recherches, il apparaissait de toute évidence nécessaire de placer sous leurs yeux des exemples aussi complets, aussi expressifs que possible de ce que pouvait devenir, du jour au lendemain, leur logis approprié aux lois nouvelles de l'existence, à la marche des idées, à l'évolution du goût.

N'est-ce point par l'aménagement intérieur du logis, bien plus que par son architecture extérieure, que se livre à notre curiosité et que se fixe dans notre mémoire la physionomie morale d'une époque ? Les façades nous livrent d'émouvantes confidences quant aux ressources d'un temps et d'un pays, aux menaces qui pesèrent sur la vie d'un peuple, au caractère qu'il sut montrer dans la fortune et dans les revers. L'âme, l'esprit et le cœur des aïeux, ce sont les meubles qui nous aident à les deviner, à les retrouver, à pénétrer leurs nuances les plus intimes.

Redire ici ce que furent les premiers ensembles mobiliers exposés en 1900 et dans les années précédentes serait peut-être éclairer d'un jour utile la signification des œuvres d'aujourd'hui, qui dérivent des œuvres d'hier plus que ne le croient parfois certains de leurs auteurs. Mais l'on pourrait aussi objecter que c'est accorder une importance excessive à des manifestations plus chaleureuses que méditées, et dont le temps impitoyable a fait sévère justice. On se souvient d'ailleurs que même la critique et l'opinion contemporaines ne leur témoignèrent pas grande indulgence. Dans un pays trop riche, qui garde en son héritage toute la gamme des somptuosités, il est rare que l'on émeuve quelqu'un si l'on ne parle que raison solide et saine logique.

A ce peuple dont les yeux s'ouvrent dès l'enfance aux aspects les plus variés et les plus raffinés de l'art, une démonstration géométrique paraîtra toujours glaciale. Ce n'est point sa raison qui s'intéresse aux productions de l'art, c'est son goût, c'est sa sensibilité.

Les novateurs d'abord impatients de faire partager leur foi débordante ne s'aperçurent pas tout de suite qu'il convenait de montrer moins de zèle et plus de réflexion, qu'il fallait d'abord intéresser, séduire, avant de chercher à persuader. Leur erreur la plus commune, et la plus grave, fut peut-être de vouloir *recommencer*, au lieu de se borner à *continuer*. Beaucoup d'entre eux abordèrent l'étude du mobilier comme une question nouvelle, comme on abordait par exemple dans le même temps, et avec un succès si encourageant l'étude de la carrosserie d'automobiles. C'était trop méconnaître les droits et le prestige du passé, les habitudes prises, les attachements anciens. L'opinion, par ses interprètes les plus brillants et les plus écoutés, marqua une désapprobation presque unanime.

Si les décorateurs de 1900 n'abandonnèrent point la partie, c'est qu'ils obéissaient dans leurs tentatives à des convictions solides. On leur doit ici un témoignage d'admirative gratitude pour ne s'être pas laissé décourager par les sourires, ni même les injures qui cependant ne furent point ménagés à leurs débuts. L'abandon de leur effort, c'était vingt années perdues. Nous en serions aujourd'hui sans doute à recommencer, avec une génération nouvelle et un idéal différent, la tentative de 1900.

Au lieu d'avoir à supporter l'effort et les déboires de ce recommencement, nous assistons à un épanouissement splendide, préparé par trente années d'observation, d'expériences, de recherches persévérantes, et dont l'avenir discernera mieux que nous ne pouvons le faire nous-mêmes, faute du recul indispensable, l'enchaînement ininterrompu.

De 1900 à 1925, en effet, le sentiment décoratif n'a pas cessé d'évoluer en France. Il a évolué sous la poussée des événements. Il a évolué avec les innovations réalisées dans l'art de construire, avec les matériaux nouveaux, avec les nouvelles conceptions de l'hygiène, du confort, du luxe. Il a évolué de plus en plus près de la vie, à mesure que les artistes créateurs se voyaient mieux compris et plus généreusement, plus intelligemment accueillis.

Aussi la production échelonnée sur ces vingt-cinq années témoigne-t-elle d'une progression de plus en plus sûre, tant dans le domaine du goût et de l'invention que dans celui de la technique et de ses ressources.

L'adhésion du commerce et de l'industrie longtemps souhaitée et enfin obtenue, marque le commencement d'une nouvelle période de réalisation, sans doute plus active et plus féconde encore que les précédentes.

On remarquera que l'industrie du meuble ne s'est engagée dans cette voie qu'à la suite des arts et des industries de la décoration murale. Ainsi, ceux que notre époque plus éprise d'expression imagée que de philologie pure appela les « ensembliers », connaissent déjà depuis une dizaine d'années la possibilité de faire fabriquer sans trop de difficultés les papiers peints, les étoffes de tentures, les tapis, dont le défaut avait accentué si regrettablement la timidité, la pauvreté de leurs premières démonstrations.

Répétons-le : un rappel de ce qui a été fait depuis vingt-cinq ans dans les arts du mobilier ne pourrait qu'honorer grandement tous ceux qui ont apporté leur pierre à l'édifice. Mais ce travail existe, plusieurs ouvrages plus ou moins importants lui ont été consacrés. Une exposition rétrospective organisée au Pavillon de Marsan en 1924, une autre actuellement ouverte à Galliera ont replacé sous nos yeux les principales œuvres de la période héroïque. Le souvenir est dès maintenant fixé pour la postérité des artistes et des artisans qui furent à la peine et ne parvinrent point à la gloire durant cette période si vivante et si curieuse.

Ici, c'est l'édifice lui-même, nous voulons dire l'aboutissement, et non la préparation, qui doit requérir toute notre attention. Nous n'allongerons donc pas davantage ce préambule, ayant seulement voulu dire pourquoi et comment la Classe des Ensembles Mobiliers apparut dès l'abord à ses organisateurs comme le noyau de l'Exposition Internationale des Arts Décoratifs et Industriels, ou tout au moins comme l'une des parties capables d'offrir au visiteur les données les plus étendues et les plus sérieuses sur les tendances présentes des arts de l'habitation.

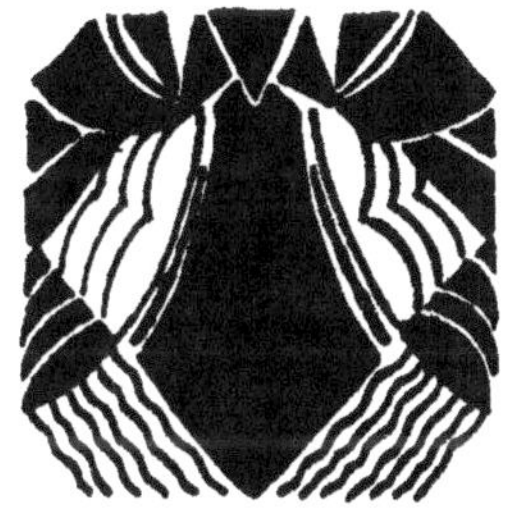

Chapitre **II**

Préparation

Dès leur première réunion, le 14 avril 1924, les membres du Comité d'Admission de la Classe 7, après un premier échange de vues sur l'œuvre à accomplir et les résultats à atteindre, comprirent que pour transformer dans les délais imposés leurs conceptions en réalisations, un travail assidu, méthodique et persévérant devait aussitôt commencer.

Un premier examen des demandes d'admission déjà parvenues au Commissariat Général les renseigna tout d'abord sur l'accueil réservé au principe de l'Exposition par les artistes, les artisans et les industriels du Mobilier. Cet accueil se révélait très favorable : 255 demandes venues de Paris et des départements formaient un total de 3.750 mètres carrés, déjà sensiblement supérieur à la superficie alors prévue. Nous n'avons pas l'intention d'entrer dans le détail du travail administratif, en général assez ingrat, qui marque la première période de toute entreprise de ce genre. Certains points doivent pourtant en être retenus pour ce qu'ils apportent d'indications sur la psychologie des candidats à l'admission.

Un dépouillement préparatoire donna les résultats ci-après :

1º 10 demandes complètes, avec pièces à l'appui ;

2º 182 demandes non accompagnées des croquis, plans et notes nécessaires à leur examen ;

3º 13 demandes pour lesquelles se posaient des questions particulières (collaboration, surfaces murales, etc.) ;

4º 50 demandes venues par erreur à la Classe 7 et qu'il y avait lieu de renvoyer à d'autres classes.

17

Classées selon la nature des objets proposés, ces 255 demandes d'admission se répartissaient comme suit :

52 ensembles de chambres à coucher.
51   —   salles à manger.
22   —   salons et boudoirs.
20   —   bureaux ou cabinets de travail.
6   —   halls et galeries.
5   —   salles de bains et cabinets de toilette.
21 demandes de surfaces pour exposition de dessins et plans.
60 demandes sans spécification.

La situation ainsi mise au net en dehors de toute intention d'appréciation, révélait de nombreuses lacunes. Beaucoup d'artistes et de fabricants dont le concours paraissait souhaitable, s'étaient abstenus jusqu'alors de répondre aux invitations officielles. Le Comité décida de renouveler auprès d'eux des démarches plus personnelles, plus pressantes. En même temps, il invitait les signataires des demandes d'admission déjà réunies et classées à compléter leurs dossiers par la remise des plans, maquettes et dessins permettant de se prononcer à leur sujet.

Le président, les vice-présidents et le rapporteur, consacrèrent une dizaine de réunions à cette préparation nécessaire des opérations du jury. Celles-ci purent commencer le 11 juillet. A cette date, 77 dossiers de demandes d'admission avaient pu être complétés. Leur examen absorba une suite de longues séances quotidiennes durant le mois de juillet.

Au cours de ses travaux, suivis par la grande majorité des membres avec la plus louable assiduité, le Jury constatait fréquemment la nécessité d'un contact plus étroit avec les futurs exposants. Avant de se séparer pour la période des vacances, il résolut de convoquer en Assemblée Générale tous les titulaires de demandes d'admission, en vue de les initier aux directives générales de la Classe, de susciter leur émulation et d'inviter ceux d'entre eux dont les premiers projets n'avaient pu être admis à en présenter de nouveaux.

Cette réunion, si désirée de part et d'autre, eut lieu au Ministère du Commerce, le 29 juillet. Le Président rappela aux très nombreux assistants la signification importante de la manifestation projetée. Il résuma à leur intention l'effort de coordination, de logique et d'expression envisagé par le Comité et les invita à y coopérer personnellement en apportant à l'exécution de leurs projets respectifs tous les soins possibles. Il insista sur la sévérité nécessaire du Jury, qui, faute de place aussi bien qu'en vue de la valeur du résultat définitif, se voyait obligé d'éliminer dès l'abord toute collaboration médiocre.

A cette même Assemblée, les futurs exposants eurent connaissance du prix des emplacements ainsi que du délai extrême accordé pour la présentation des derniers projets.

Après une interruption de quelques semaines, les travaux du Jury reprirent en septembre et se poursuivirent jusqu'à la fin de l'année. Une Commission spéciale se réunit chaque samedi pour recevoir les exposants, examiner la marche de leurs travaux, les conseiller et les diriger dans leurs réalisations.

Parallèlement à ces opérations finales du Jury, le Comité poursuivait avec les architectes qu'il avait lui-même désignés, MM. Pierre Selmersheim, Chareau, Tribout, Hiriart et Beau, l'aménagement et la répartition des emplacements mis à sa disposition.

Avec le concours dévoué des trésoriers, MM. Noël et Thiébaux, et du secrétaire, M. Maurice Devriès, il mettait à jour son programme administratif et financier, élaborait un règlement intérieur, enfin étudiait et réglait d'autre part les questions subsidiaires d'éclairage, de gardiennage, d'entretien, etc.

Dès la fin de 1924, ce travail préparatoire était entièrement au point, les plans définitifs dressés, et les exposants mis en possession de tous les renseignements nécessaires à l'aménagement de leurs stands.

Chapitre III

Emplacements

Nous connaissons trop les difficultés d'ordre matériel rencontrées par le Commissaire Général, et nous admirons trop sincèrement le prodigieux résultat qu'il a su obtenir de ressources limitées et de délais insuffisants, pour manifester la moindre amertume en ce qui concerne les emplacements attribués à la Classe 7. Mais il nous faut bien dire que le Groupe du Mobilier, dans son ensemble, et en particulier la Classe des Ensembles Mobiliers, auraient pu espérer un accueil moins parcimonieux dans une Exposition consacrée aux Arts Décoratifs. Les tronçons de galeries qu'on leur a accordés ne correspondent ni au rôle primordial des arts et des industries du mobilier dans l'évolution qu'il s'agissait de fêter, ni à l'effort demandé aux artistes et aux industriels en vue de donner à cette manifestation son maximum d'ampleur et de signification. A défaut d'un Palais du Mobilier, que beaucoup de visiteurs devaient s'attendre à trouver à la place d'honneur, les exposants du Groupe II, abrités dans une suite continue et homogène de Pavillons et de Galeries, eussent pu encore réussir à coordonner d'une manière profitable au visiteur la présentation de leurs travaux. Il est à craindre que la dispersion des emplacements accordés, leur manque d'unité, de continuité, n'ait sensiblement amoindri l'effet d'ensemble, après avoir rendu extrêmement difficile et compliqué le travail de répartition et d'aménagement.

Les emplacements mis à la disposition de la Classe 7 comprennent quatre galeries situées sur l'Esplanade des Invalides. Leur superficie totale dépasse 4.000 mètres carrés, que se sont partagés une centaine d'exposants.

ENSEMBLES DE MOBILIERS

Les Galeries de la Cour des Métiers, dans lesquelles la Société des artistes décorateurs a aménagé les services et appartements d'une Ambassade française, ont été organisées en dehors de l'action du Comité de la Classe 7. Il en a été de même d'un certain nombre d'autres groupements importants d'ensembles mobiliers, énumérés ci-après :

1° La Maîtrise (Galeries Lafayette) ;
2° Pomone (Bon Marché) ;
3° Primavera (Printemps) ;
4° Ruhlmann (La Maison d'un Collectionneur) ;
5° Société de l'Art appliqué aux métiers ;
6° Studium (Louvre) ;
7° Sue et Mare (Un Musée d'Art Moderne).

Chacun de ces sept pavillons, ainsi que la suite de Galeries mises à la disposition de la Société des Artistes Décorateurs, constitue par lui-même un ensemble et une œuvre particulière qui par l'objet, le but et les tendances se rattache à la Classe 7 sans que le Comité de celle-ci ait eu à intervenir dans sa conception ni dans sa réalisation.

L'aménagement et la décoration intérieure des Galeries constituant la Classe 7 proprement dite ont été confiés pour la Galerie A, la plus proche des Invalides, à M. Pierre Chareau ; pour la longue Galerie B, qui vient ensuite, à M. Pierre Selmersheim ; pour la Galerie C, perpendiculaire à la précédente, à MM. Hiriart, Tribout et Beau ; enfin pour la Galerie D, qui fait suite à la Galerie B vers la gare des Invalides, à M. Maurice Dufrène.

■

La Galerie Selmersheim laissera dans la mémoire des visiteurs attentifs un exemple d'installation originale, rationnelle et parfaitement réussie.

C'est la grande galerie bordée d'un péristyle aux riches revêtements de marbre, située sur l'Esplanade des Invalides, entre les deux tours de gauche (en venant du Pont Alexandre III). Sa superficie intérieure est d'environ 1.200 mètres carrés. M. Pierre Selmersheim écarta de prime abord le principe de la Galerie d'exposition banale, comportant deux travées de stands parallèles, séparées par une allée centrale. Son programme, plus compliqué, mais beaucoup plus neuf, et plus attrayant, évite la monotonie qui est l'écueil le plus fréquemment rencontré dans les Expositions et en particulier dans les Expositions de mobiliers. Après l'avoir étudié très minutieusement, il a su le réaliser d'une façon vraiment magistrale. Le visiteur pénètre d'abord dans un vestibule rectangulaire, à revêtements de marbre jaune et blanc de très grande allure. Il parcourt ensuite bien moins une galerie proprement dite qu'une succession d'appartements interrompue par une rotonde centrale où s'amorce la galerie perpendiculaire C. Plus loin, la même disposition variée se poursuit jusqu'au vestibule de sortie, spacieuse rotonde aux murs blancs, entourée de colonnes et drapée de lourdes tentures en velours marron.

Si l'effet cherché fut un effet de variété, l'architecte n'a pas cependant perdu de vue la nécessaire tenue d'ensemble. Il l'a obtenue et imposée au moyen des deux vestibules et de la rotonde centrale. Elle est noble et sobre, sans solennité inutile, mais toutefois d'un caractère imposant. M. Pierre Selmersheim doit être hautement félicité pour le soin qu'il a apporté dans l'étude de cet aménagement, comme pour le goût et le talent qu'il a si largement dépensés dans sa réalisation.

Pour l'aménagement des petites Galeries situées aux deux extrémités de la précédente, les architectes se sont trouvés en présence du problème moins complexe, mais très épineux aussi, qui consistait à présenter d'une façon attrayante et sans oublier les spacieux dégagements indispensables, une dizaine de stands dans un carré de 300 mètres superficiels.

M. Pierre Chareau a adopté le principe d'une galerie centrale de chaque côté de laquelle les stands s'avancent par deux adossés dans un plan triangulaire, avec leur façade par conséquent en pan coupé, la pointe de chaque triangle étant d'autre part tronquée et occupée par des sièges ou banquettes. Cette disposition en lignes brisées, par l'effet original qu'elle réalise détourne l'attention de ce que peut avoir d'étroit et de resserré l'espace où elle dut s'établir. L'architecte n'a voulu y faire concourir l'ornementation proprement dite que dans une mesure infiniment discrète. Il s'est contenté de réaliser pour les intérieurs variés qui voisinent dans son hall un cadre sobre, qui leur laisse toute leur signification et leur valeur. C'est d'un goût parfait.

Chez M. Maurice Dufrène, l'ambiance est différente, le décor plus intime. Ce n'est plus un hall, c'est un couloir d'appartement, tendu d'étoffe et orné de tapisserie. Il commence et s'achève en coude, ce qui ménage à chaque extrémité un vestibule de suffisante ampleur, sur lequel s'ouvrent encore deux ou trois stands.

Quant à MM. Hiriart, Tribout et Beau, ils avaient à accueillir dans leur Galerie transversale un hall de maison basque dont le caractère local très accentué et les amples proportions pouvaient difficilement s'équilibrer dans une disposition d'ensemble. Ne pouvant songer à l'assimiler, ils en firent une sorte de halte pittoresque aux deux-tiers environ d'une longue allée centrale, revêtue dans sa première partie, de bois précieux, et dans sa seconde partie, de marbre portor.

Si nous avons cru devoir mentionner dans notre rapport, ces travaux d'aménagement, c'est tout d'abord pour rendre hommage au dévoué concours prêté par les architectes à la Commission d'installation ; et c'est ensuite pour montrer que chaque difficulté fut pour eux l'occasion d'une réalisation ingénieuse et originale.

Le but du Comité d'admission avait été dès l'origine de présenter dans un espace limité une série d'exemples vraiment significatifs. La Classe 7 ne pouvant accueillir tous ceux qui eussent souhaité d'y figurer, tous ceux qui ont concouru au succès de l'évolution présente, devait du moins donner de celle-ci un tableau aussi complet, aussi fidèle que possible. Aucune tendance n'en devait être bannie, en principe, pour excès d'originalité. Mais il n'y devait entrer non plus aucune œuvre qui ne se signalât par un esprit de recherche, par une nouveauté quelconque. Les efforts et la sévérité du Jury d'admission ont constamment tendu vers ce résultat.

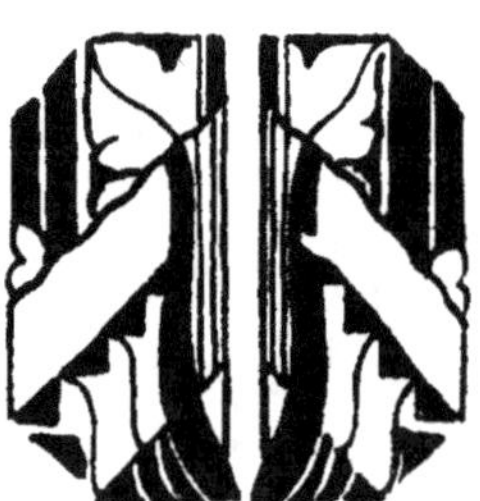

Chapitre IV

Tendances générales

Depuis 1900, le caractère dominant de la production artistique est, dans toutes les branches, l'individualisme. Il existe encore des personnalités représentatives, autour desquelles se groupent à leurs débuts les jeunes gens dont la vocation cherche un appui momentané, une orientation. Il n'existe plus, à proprement parler, de chefs d'école. La personnalité est considérée comme un mérite essentiel. Aussi veut-on souvent être personnel avant d'avoir étudié la grammaire de son art. Tout artiste rêve de tracer son sillon et d'œuvrer en liberté, sans avoir à connaître ni doctrines, ni disciplines étrangères à son esprit. Cette ambition si répandue aboutit à une fécondité remarquable et à un inévitable désordre. Nous en avons vu de nombreux exemples aussi bien chez les décorateurs que chez les sculpteurs et les peintres ; et les contemporains qui veulent un style à tout prix ont pu en éprouver quelque contrariété. L'individualisme a-t-il un autre effet que de multiplier l'aspect extérieur de quelques vérités générales, et ne s'exerce-t-il pas à l'encontre de ces vérités en en dispersant la puissance et en en retardant par conséquent la révélation sous une forme concrète et définitive, qui n'est autre que le style, en germe, tout au moins ?

Mais dans les arts appliqués, l'individualisme rencontre tôt ou tard, — en tout cas dès qu'il passe de l'étude à la réalisation, — deux écueils qui l'obligent à réduire ses prétentions, à les méditer, à les soumettre à des lois peu susceptibles de variation : la matière et la technique. Il tentera tout d'abord de les éviter, en cherchant des matériaux nouveaux, et en demandant à la mécanique des simplifica-

25

tions de technique en rapport avec les effets qu'il veut obtenir. Les déboires et l'expérience ne tarderont pas à lui démontrer que l'ingéniosité ne peut longtemps suppléer au savoir, et c'est à ce moment que s'esquisse le regroupement des volontés, que l'on voit par conséquent les efforts devenir plus homogènes, et les œuvres exprimer, affirmer, des idées concordantes.

De l'aspect général de la Classe 7, on déduira aisément que les Arts du Mobilier en sont en 1925 à peu près à ce point de l'évolution où l'individualisme, assagi par l'expérience, par la connaissance, poursuit ses recherches dans des voies de moins en moins divergentes. Certes, ce n'est pas encore cette harmonie souveraine, cet équilibre plein de sérénité qui émane du style, cette perfection qui rassure le goût et décourage l'invention. Mais ce ne sont plus ces hardiesses et ces pastiches, ces fantaisies débridées voisinant avec des rechutes de Louis-Philippe, ces puérilités et ces sénilités dont les expositions et les Salons annuels fournirent dans les années précédentes tant d'exemples déconcertants. La jeune phalange des ensembliers, renforcée des réserves de l'art commercial et de la territoriale du faubourg Saint-Antoine, se rallie autour de quelques notions déterminées. Les derniers tirailleurs se replient sur le centre. Il en résulte un sérieux commencement d'accord dans l'action.

Cet accord se réalisera d'une manière plus visible et surtout plus efficace du jour où les préventions de la clientèle céderont définitivement. Actuellement, ces préventions pèsent d'une manière inévitable sur une partie de la production. Travailler pour son époque, ce n'est pas forcément la heurter dans ses préférences, dans ses routines. Ce peut-être l'attirer, la séduire, pour finalement la convaincre.

Suivant son tempérament, suivant aussi sa culture et son milieu, l'artiste qui aborde l'étude d'un ensemble mobilier songe au présent ou à l'avenir. S'il songe au présent, s'il destine son œuvre à un contemporain d'esprit prudent et rassis, il réalisera neuf fois sur dix un décor de transition. C'est-à-dire que tout en tenant largement compte de l'entente nouvelle du logis, tout en utilisant opportunément les matériaux nouveaux, les étoffes les plus récentes, les tapis et les tapisseries que l'industrie commence à offrir en abondance au décorateur d'à-présent, il voudra cependant conserver au milieu ainsi créé cet aspect calme, discret, reposant qui résume la tradition française et nous y attache par des liens si naturels et si tenaces.

S'il songe à l'avenir, si plus ambitieux que le précédent, son goût le porte à des hardiesses ; s'il juge la tradition surannée et n'hésite point à la bousculer pour affirmer avec énergie sa conception de l'intérieur moderne, alors il réalisera une œuvre plus franchement neuve, plus féconde peut-être que l'autre, mais qui, tranchant sans ménagement avec les habitudes et les idées reçues, n'offrira le plus souvent au passant, à l'observateur superficiel, qu'une séduction moins quiète, moins directe.

En parcourant les Galeries de la Classe 7, on rencontre de nombreuses manifestations de ces deux états d'esprit, dont on pourrait dire à première vue que le premier adapte, tandis que le second crée. Mais il n'est pas difficile de discerner assez vite dans l'adaptation la plus sage et la plus modérée une part importante de création et dans la création la plus brillante une part notable de souvenir : ainsi s'atténue sensiblement la distance qui sépare deux genres éloignés l'un de l'autre autant par les réalisations que par les conceptions.

C'est que pour réaliser l'union heureuse et parfaite du goût jeune et libre d'aujourd'hui avec la tradition sûre et vénérable, il faut avoir pénétré très avant dans l'étude de l'un et de l'autre, et que d'autre part on ne saurait non plus inventer, même dans la plus complète liberté d'intelligence, sans connaître l'œuvre et la technique des grands devanciers. Ainsi, presque constamment, l'audace rencontre sur sa route le goût et l'érudition qui modèrent et retiennent son allure, et la protègent contre ses propres écarts.

Il arrive aussi qu'elle rencontre la fantaisie ; et il n'en résulte que des œuvres dont la séduction, toute vive et même impérieuse qu'elle soit, ne saurait connaître une longue durée. Mais ces cas deviennent de plus en plus rares, on n'en trouve guère que deux ou trois exemples dans toute la Classe 7. L'art contemporain marque de plus en plus sa volonté de rompre avec la fantaisie qui troubla chez lui l'éveil de l'imagination. Son idéal d'aujourd'hui est une grâce sobre, une harmonie discrète, qui échappe à la froideur par la vertu des beaux matériaux.

∎

L'emploi des bois exotiques intervient pour une part notable dans les aspects nouveaux du mobilier. On ne délaisse pas entièrement le chêne, le noyer, le poirier, le merisier, qui contribuèrent à la douce familiarité des intérieurs de jadis et qui gardent des partisans nombreux. Mais on leur préfère les ébènes veinées, le palissandre, l'acajou, l'amboine, l'amarante, qui viennent désormais en abondance de nos Colonies, et sont par conséquent des bois français au même titre que les précédents. Ces nobles matériaux, à peu près inaccessibles aux ébénistes d'autrefois, l'ébéniste d'aujourd'hui peut se les procurer aisément au gré de ses besoins. Il est donc bien naturel et il est même utile qu'il en use couramment dans ses travaux. Au surplus, les essences indigènes continuent de recevoir dans la construction et dans l'industrie des utilisations qui suffisent à absorber presque entièrement les quantités disponibles. Enfin, peut-être comprenons-nous mieux que nos pères la beauté propre des matériaux, ce qui nous porte à apprécier dans un meuble le bois dont il est construit autant, sinon plus que les ornements sculptés ou appliqués qui pourraient l'enrichir.

Cette tendance à considérer l'effet décoratif du bois en lui-même est aujourd'hui poussée très loin, et il n'est pas exagéré de dire qu'elle donne lieu à quelques excès. C'est évidemment le désir de mettre en valeur des matériaux somptueux, bien plus qu'un goût soudain pour les surfaces planes et les lignes puissantes, qui nous vaut ces buffets monumentaux, ces meubles d'appui dont la destination demeure vague et même mystérieuse. Si les résultats sont parfois magnifiques, ils imposent une sévérité, une solennité qui doivent en limiter l'extension. Il est bien que les ébénistes contemporains sachent faire des meubles seigneuriaux et le prouvent. Mais encore faut-il que la destination de ces meubles soit prévue et déterminée. Or, on peut douter que les besoins en soient considérables. La construction d'un palais (à moins qu'il ne s'agisse d'un *Palace*) est chose très exceptionnelle de nos jours. L'habitation privée garde des proportions moyennes, assez loin du monumental, encore plus loin du colossal ; les meubles doivent obéir à cette loi, qui procède directement du goût, de notre goût. Le prétexte de faire admirer des bois somptueux semble bien faible pour tenter d'imposer des meubles encombrants, hors d'échelle. Le sens de la mesure réagira dans un avenir peu éloigné contre un entraînement qu'aucune raison valable ne justifie.

Une conséquence encore plus immédiate du large emploi des bois exotiques est d'indiquer une tendance générale au luxe. Il n'est pas douteux que cette tendance existe : elle est le résultat de l'évolution des mœurs, les artistes et les éditeurs sont dans leur rôle en y répondant. Mais une telle attitude ne risque-t-elle pas de compromettre le succès des meubles nouveaux ? Ceux-ci ne seront-ils donc abordables que pour les acheteurs fortunés ? A ces objections souvent formulées, nous répondrons en rappelant que les meubles de 1900 avaient paru pauvres. En majorité, les artistes d'alors, dont plus d'un coopère encore brillamment au mouvement présent, croyaient qu'il convenait d'intéresser d'abord la foule à leurs recherches. Il se trouva que la foule n'y accorda guère d'attention et que des meubles primitivement destinés à des intérieurs d'ouvriers s'en allèrent chez des intellectuels mieux préparés à en apprécier l'architecture simple et rationnelle. Par la suite, l'art contemporain connut le besoin de mécènes, et il eut le bonheur d'en trouver quelques-uns. Si sa production actuelle semble accuser un souci trop exclusif du luxe, c'est donc là un peu l'effet des événements. N'oublions pas, au surplus, qu'une exposition atteint son but si elle démontre les possibilités les plus hautes. L'intervention de l'industrie ne manquera pas de répandre par la suite les meilleurs modèles, ceux qui auront réuni les suffrages du plus grand nombre.

Une condition essentielle de bon aménagement intérieur qui s'impose dans la pratique, mais dont une Exposition ne saurait offrir des exemples très frappants, puisque les dispositions locales n'y sont que supposées, c'est l'utilisation rationnelle du plan. Son importance et ses difficultés croissent en raison inverse de la place disponible. Elle est capitale dans un appartement de grande ville, dans un petit hôtel ou une « maison des champs », qui sont les thèmes les plus habituellement soumis au talent et à l'ingéniosité du décorateur.

Réaliser le maximum de confort dans le minimum d'espace constitue d'ailleurs pour celui-ci un problème plein d'attrait. Il s'ajoute à beaucoup d'autres que la mode et les usages ne laissent pas de compliquer à leur tour. De nouvelles façons de vivre appellent aussi de nouvelles conceptions mobilières, parfois très éloignées de celles d'hier, pourtant immuables en apparence. Une des pièces où l'intimité naguère encore se réfugiait et accumulait les intentions décora-

tives plus ou moins heureuses, le salon, semble appelée à disparaître.
Tantôt le salon n'est plus qu'un prolongement de la salle à manger,
quelques sièges groupés autour d'un divan, avec la table à thé et les
livres familiers à portée de la main, le « coin » où les convives viennent
s'asseoir pour causer et fumer en sortant de table, tantôt il se combine
avec le studio qui gagne à ce mariage un agrément inattendu.

La forme des meubles elle-même se fixe peu à peu d'après un
idéal nouveau mais réfléchi, qui lui aussi à sa source dans les transfor-
mations subies par l'existence. En dehors du souci de mettre la beauté
du bois en valeur, auquel nous avons attribué plus haut l'ampleur des
formes et l'adoption des portes pleines, des larges surfaces unies,
certaines considérations purement utilitaires dictent des recherches
et aboutissent à nombre de trouvailles ingénieuses. La table de salle
à manger redevient ronde ou ovale ; tout au moins dans le profil de
son plateau on évite les angles. Une sorte de pilier central, dont la
forme est en certain cas très harmonieuse, ou encore un double
support placé aux extrémités, permet d'éviter les anciens pieds de
table, souvent disgracieux, toujours incommodes. Devenu une sorte
d'armoire close, à portes pleines, où l'argenterie et les porcelaines
trouvent un abri conforme à la propreté scientifique d'aujourd'hui,
le buffet érige sa masse verticale ou oblongue entre de hauts lambris
de bois ou des panneaux d'étoffe brochée. La desserte n'en est qu'une
réplique ou une réduction. Rien ne traîne : parfois une belle pièce
d'orfèvrerie, de dinanderie et de céramique, et c'est tout.

Dans les sièges, la part de nouveauté ou d'invention est moindre.
Les plus réussis rappellent avec franchise les bons modèles du
dix-huitième siècle. Leurs lignes simplifiées n'en donnent qu'une
interprétation plus ou moins libre et ingénieuse. L'architecture
essentielle du siège ne se prête point à des variations illimitées.
C'est ici que l'esprit d'adaptation s'exerce avec le plus d'intelligence
et d'ingéniosité, faisant intervenir à propos les étoffes et les garnitures
qui accentuent la note moderne.

On aurait souhaité plus de révélations en ce qui concerne le lit.
Depuis qu'on l'a tiré du mystère des alcôves pour l'installer au grand
jour et au beau milieu de la chambre, ce meuble hésite entre des
contenances diverses. Tantôt, comme honteux de lui-même et de son
fardeau de symboles, il se dissimule avec hypocrisie sous l'apparence
d'un divan, tantôt il s'étale et se drape, ici avec un excès de bonho-

mie, là avec un abus de solennité. En présence du problème que suscite son emplacement, on comprend pourquoi, aux époques où l'esthétique pouvait sans s'attirer le moindre reproche méconnaître l'hygiène, « l'instrument du repos » fut toujours dissimulé ou relégué à l'angle le moins éclairé de la chambre. Aujourd'hui qu'on le veut non seulement à la place d'honneur, mais plus spacieux que jamais, les ensembliers en paraissent fort embarrassés. On use pour ses contours de bois lisses et clairs dont les surfaces miroitantes ont la netteté, parfois aussi la froideur du marbre. On le couvre de fourrures ou de soies bigarrées. Tour à tour insolent ou triste, il n'a pas encore pu retrouver de nos jours la simplicité qui convient au décor du sommeil. Nous avons dû reconnaître que les effets les plus harmonieux étaient obtenus dans les quelques rares chambres où le lit est un lit étroit, un lit personnel. Et cette constatation nous donne à penser qu'il y a une erreur, peut-être même une faute de goût, dans les proportions actuelles du lit. On a philosophé sur des sujets moins séduisants.

Comme les buffets, les armoires sont larges et hautes, assez souvent monumentales. C'est sans doute que les goûts et les mœurs du jour veulent de plus en plus de robes, de lingerie, d'accessoires de toutes sortes. C'est aussi que les placards n'existent plus que dans les couloirs et dans les chambres de domestiques. Peu de sculptures : l'ornementation demande presque exclusivement ses effets à des marqueteries simples, à des incrustations d'ivoire ou de métal qui accompagnent les lignes essentielles du meuble. Quand le sculpteur et le marqueteur interviennent, ce n'est plus qu'exceptionnellement pour évoquer la flore ou la faune. Le règne de l'ornementation imagée semble fini pour un temps. On ne dessine plus que des lignes, la plupart du temps sans intention figurative. Au lieu d'imposer à l'esprit des idées ou des images précises, l'ornement se contente désormais de suggérer des prétextes à rêverie. Ce raffinement décoratif est très voisin de celui que nous admirons depuis plusieurs siècles chez les tapissiers orientaux.

Un meuble est décoratif par lui-même, par le galbe et l'équilibre de ses lignes. Un ensemble mobilier sera décoratif par la conjugaison harmonieuse de ses éléments. La couleur intervient pour accuser l'harmonie, pour déterminer l'ambiance. Elle est le principal élément décoratif accessoire. On ne lui a jamais fait jouer dans l'intérieur du logis un rôle aussi considérable, avec des résultats aussi heureux.

Peut-être nos créateurs d'ensembles ont-ils encore d'importants progrès à accomplir dans la conception et dans l'aménagement des meubles. En ce qui concerne l'emploi judicieux de la couleur, on ne peut penser qu'ils pourraient obtenir des effets plus variés, plus heureux. La couleur est d'ailleurs aux yeux d'une partie du public la vraie, la première séduction des intérieurs réunis dans la Classe 7. Il faut dire qu'elle y est partout maîtresse, et que son règne va de la somptuosité la plus discrète à une extrême vivacité de tons. On voit de vibrantes symphonies orangées, vertes ou violettes ; le rouge lui-même intervient hardiment. Mais les harmonies plus douces et plus fondues, les gris, les roses, les mauves, conservent de nombreux partisans. Avec les étoffes de tenture, avec les tapis, avec les bois et les cuirs travaillés, les fourrures ont tendance à réapparaître dans ces chromatismes délicats ou turbulents.

Il faut noter en terminant le rôle joué dans les ensembles mobiliers par le luminaire, parvenu à une variété, à une virtuosité qui multiplient ses aspects et permettent de le faire intervenir pour une large part dans la décoration générale. Cela ne va pas toujours sans exagération. Nous ne voyons pas sans surprise réapparaître le grand lustre à ornements de cristal ; on l'a allégé, spiritualisé, mais enfin, c'est le lustre. Et la nécessité de l'éclairage ne justifie plus comme autrefois la présence du lustre. Il faut donc que le lustre la justifie lui-même. Il n'y parvient pas toujours.

■

Nous n'avons pas déterminé le plan du présent rapport sans nous arrêter un moment, comme la plupart de nos devanciers, à l'idée d'un classement méthodique, d'un essai de groupement par tendances. Il nous eût été agréable de pousser beaucoup plus loin l'examen des ressources nouvelles qui s'offrent au décorateur d'aujourd'hui, et des principes dont il s'inspire pour proposer aux contemporains, — tentative délicate et qui réclame un tact infini — de nouvelles formules d'élégance, de confort et d'intimité. Mais outre que la tendance dominante de l'Exposition, qui est l'individualisme, eût rendu fort malaisée cette recherche d'ordre et de méthode, une raison essentielle nous a décidé à y renoncer. La Classe 7 ne contient rien d'inutile, rien de négligeable. Ce rapport ne peut donc rien négliger.

Certes, nous ne rencontrerons pas partout l'inspiration élevée, la réussite parfaite par quoi l'œuvre d'un jour défie les atteintes du temps. Mais partout nous trouverons la conviction, l'émulation, l'amour du métier, et il n'en faut pas plus pour créer de la beauté durable. Dans ces galeries édifiées et aménagées par un si noble et si confiant effort, tout n'est pas de premier ordre, tout ne saurait être donné en exemple. Mais tout y est sujet de réflexion, et puisque chacun a fait de son mieux, chacun aussi doit recueillir la part d'attention qu'il mérite.

Nous ne nous trouvions donc en présence que d'une seule méthode acceptable, celle qui consiste à décrire les ensembles dans l'ordre même où ils se présentent au visiteur. C'est la plus simple, et celle qui peut nous mettre le plus sûrement à l'abri des risques d'omission. C'est celle que nous avons adoptée.

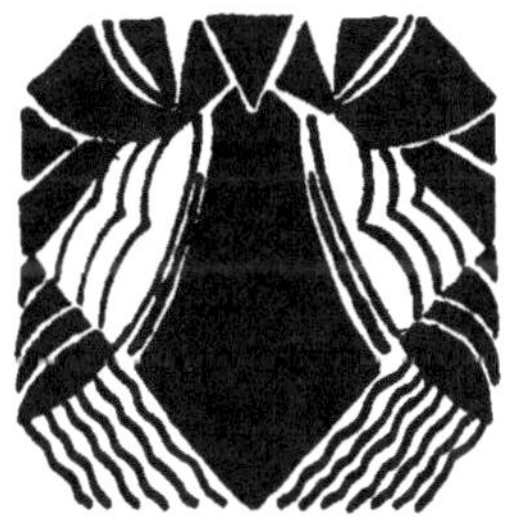

Chapitre V

Description

L'ordre numérique des stands commence à la petite galerie située
au pied de la Tour de Champagne, et aménagée, ainsi que nous l'avons
dit, par M. Maurice Dufrène. A gauche en entrant, se trouve le vaste
Studio de Mme Lucie Renaudot, édité par la maison P.-A. Dumas.
Réalisé dans un plan circulaire, qu'accidente un double escalier à
degrés de pierre et rampe de fer forgé, il offre, avec ses grands meubles
sombres, ses lourdes tentures mauves, son tapis ovale, un exemple
d'installation moderne d'une haute distinction, dont chaque détail
prêtait à l'étude et a donné lieu à des interprétations toujours caractérisées par un sens ingénieux de l'élégance.

Dans le voisinage immédiat de cette œuvre de proportions impo-
santes, mais de ton discret, de jeunes collaborateurs de « la Maîtrise »
ont réalisé une conception fort différente du Studio, celle (d'application fréquente aujourd'hui) d'un atelier constituant à lui seul tout
l'appartement d'un artiste. Voici le coin pour travailler, de MM. Jean
Bonnet et Raoul Harang, le coin pour dîner de MM. Henri Brochard
et Jacques Tcherniack, le coin pour causer, de Mlle Suzanne Gui-
guichon et de M. Paul Pouchol. A côté, le vestibule de Mlle Marcelle
Maisonnier et la chambre de repos, de MM. Jacques et Jean Adnet
Tout cela jeune, original, amusant, plein de fantaisie et de promesses.

Dans la salle à manger éditée à Toulouse par la maison Salles,
M. Auguste Guénot fait intervenir le bois pour le revêtement des
murs et en obtient un effet décoratif d'une homogénéité très agréable.

On ne voit guère à critiquer dans ce mobilier cossu que les deux grands médaillons qui ornent les portes du buffet. Si réussie qu'elle soit en elle-même, une ornementation imagée de cette importance, non motivée par la construction, et sans parenté de matière avec la surface qu'elle prétend décorer, deviendrait vite obsédante. Les lois actuelles de la décoration tendent à l'éviter, et nous pensons qu'elles sont en cela d'accord avec la logique.

Un autre exemple de décentralisation fort louable est donné par le Comité de Touraine, qui réunit des artistes et artisans doués, instruits et habilement dirigés, M. Edgar Druzart, Mme Paule Richon, MM. Jean Hardion, Maurice Bouille. Le cabinet de travail, qui voisine avec un hall d'habitation privée, avec un petit salon et une chambre d'enfant, nous a semblé la partie la plus réussie de cet heureux groupement. La chambre à coucher de M. Louis Fresc, appartenant également au Comité de Touraine, a dû, faute de place, être séparée du reste. Nous la retrouverons plus loin en parcourant la Galerie C.

GALERIE B

A l'entrée de la Galerie B, aménagée comme nous l'avons dit par M. Pierre Selmersheim, le stand de M. Mantelet offre un exemple de cette formule mobilière aujourd'hui répandue, la salle à manger-salon : en fait, une salle à manger complétée par quelques sièges confortables réunis dans un coin de la pièce avec un guéridon, c'est-à-dire de quoi s'attarder à deviser, dans le parfum du café, des cigarettes et des liqueurs, sans quitter le décor du repos. M. Mantelet a recherché comme il convenait un effet de plaisante intimité, et il l'atteint avec des éléments assez complexes, des meubles clairs ornés de marqueterie, un grand divan de velours violet, des sièges couverts d'étoffes à ramages. Ce n'est pas là un mobilier de Musée, c'est celui d'un citadin obligé d'enfermer son rêve de confort et d'harmonie dans les proportions d'un appartement moderne, et qui y réussit.

A un problème analogue répond le stand voisin, celui de M. Tony Selmersheim, qui nous propose un salon-bibliothèque. Ici, le thème est plus particulier qu'à côté. Il participe d'une psychologie moins courante. Toutefois son application se rencontrera encore souvent chez le citadin de profession libérale qui ne dispose pas d'un appartement suffisamment spacieux pour isoler le décor du travail de celui des réunions intimes. Il ne peut bien entendu s'agir dans ce cas d'un salon de grande réception. La pièce est avant tout un cabinet de travail, par ses meubles et par sa disposition. Lorsqu'elle s'ouvre à la famille et aux amis, elle devient salon par l'agrément de sa décoration, par le nombre et le confort des sièges. M. Tony Selmersheim affirme ce principe en donnant à ses meubles, remarquablement construits et exécutés, d'amples et solides proportions, en adoptant pour l'ensemble une coloration discrète et agréable. La note générale est un brun clair tirant sur le rose ; seuls des filets d'ébène macassar accusent les lignes du vaste et commode bureau. La cheminée en marbre caroline et la décoration murale contribuent à l'impression générale, où le recueillement domine malgré tout.

M. Henri Rapin a conçu dans une jolie note de demi-luxe une salle à manger et un salon édités avec beaucoup de soin par MM. Evrard frères. La salle à manger surtout nous paraît d'une réussite parfaite avec ses meubles aux lignes harmonieuses, mettant bien en valeur les agréables colorations de l'oligon et de la loupe, avec ses sièges gracieux, bien équilibrés, confortables. Le salon présente moins d'unité. L'artiste y a donné un peu plus libre carrière à l'imagination et à la fantaisie dont il est riche. On aimera la pointe d'originalité de sa chaise-longue à dossiers abattus, qui voisine sans familiarité avec des fauteuils et un guéridon peut-être un peu trop variés pour constituer à vrai dire, un ensemble. Mais tout cela est aimable, ingénieux et partout où l'ornement intervient, il est traité avec un goût parfait.

M. Marius Raguet a eu le mérite d'organiser en France et d'y faire progresser dès les années d'avant-guerre une industrie exercée précédemment d'une façon exclusive et d'ailleurs avec beaucoup d'habileté en Allemagne et en Autriche, — celle des sièges en rotin filé. Sa fabrication atteint aujourd'hui à un degré de perfection très satisfaisant. Le mobilier de Hall qu'il expose réunit des sièges confortables et très bien compris, où la couleur intervient dans une juste proportion, sans masquer ni transformer la matière. Celle-ci convient évidemment moins bien à la confection d'une armoire. Il n'y a que du bien à dire de la décoration murale de ce stand, réalisée également en rotin sur les indications de M. Pierre Selmersheim.

Le hall voisin présente un autre intéressant exemple des applications du rotin, réalisé par la Manufacture Française de Vannerie artistique de Fayl-Billot.

La « Chambre de l'Anjou » a été réalisée sous l'inspiration de M. F. Mandaron par MM. Feuser et Perrin pour l'architecture, Benon pour le dessin du tapis, exécuté ainsi que les étoffes de tenture par M. Petitpied, A. Hans et fils pour les papiers peints, etc. Bon groupement qui, comme ceux de Toulouse et de Touraine, témoigne de la pénétration du goût moderne en province.

Un goût sobre et discret a présidé à la conception du Salon de Musique de M. André Fréchet, édité par MM. Régy frères. Il est en palissandre frisé, les meubles sont simples et rationnels, les sièges confortables. Aucune fantaisie, aucun éclat autre que celui qui émane des matériaux choisis, mais une harmonie sereine, accueillante au rêve et propice au recueillement.

La chambre à coucher de M. Edmond Vérot, due également à M. André Fréchet, présente le même caractère d'intimité élégante. Peut-être sa disposition aura-t-elle été jugée toutefois un peu théâtrale et solennelle ? Le lit romain élevé sur une estrade, devant un rideau gris violacé, et l'éclairage par frise sont pour une part dans cet effet. N'oublions pas que nous parcourons une Exposition, et non une suite d'appartements, comme l'habile agencement dû à M. Pierre Selmersheim pourrait nous le faire penser.

Avec ses hauts revêtements de bois sombre et ses sièges à fond de cuir rouge, la salle à manger de MM. Edmond Vérot et Jacquemin, est incontestablement belle et somptueuse. Et quel monument familial que la table vaste, lourde et massive, dans cet ensemble qui est un véritable et enthousiaste poème à la gloire du bois ! Là encore, nous retrouvons la collaboration de M. André Fréchet dans les moulurages des portes et des cloisons, et dans le luminaire.

Dans sa tonalité adoucie, où les gris et les roses répondent aux jaunes mats, le petit salon-boudoir de M. René Allard est une œuvre élégante et personnelle, et il n'y a que du bien à dire de l'exécution des meubles qu'il réunit. Toutefois le bureau nous a paru hors d'échelle et le ton assez froid du bois employé accuse la rigidité un peu métallique de ses lignes.

MM. Saddier et ses fils exposent une chambre à coucher dont les meubles offrent une gamme plaisante des bois des îles, allant du rouge éclatant au jaune citron. Une étoffe murale aux tons vieux rose, encadrée de pilastres gris, encadre à souhait cette chaleur et ces acidités. Il y a là une harmonie assez audacieuse, mais réussie. Parmi les meubles, tous imposants et purs de lignes, on a surtout remarqué la grande armoire en acajou.

L'ensemble de M. G. de Bardyère ne vise pas à l'éclat, mais il l'atteint par les moyens les plus dignes. Un grand buffet vitrine, une desserte, deux argentiers, en ébène macassar, les dessus en marbre portor, les poignées et entrées en ivoire sculpté, forment avec la table et les sièges un ensemble un peu grave, mais harmonieux et d'une richesse de bon aloi.

Les Constructeurs Associés de Paris n'ont pas tenté de renouveler le mobilier de la cuisine, mais d'en présenter un aspect simple, rationnel et gracieux. Leur ensemble a eu un très gros succès auprès des visiteuses.

Et voici un ensemble d'une harmonie vraiment exquise : la chambre boudoir réalisée par la société anonyme Noël avec la collaboration de M. Léon Jallot. Elle est installée sur un plan demi-circulaire. Un grand divan de fond, couvert de fourrures, en forme le motif principal. Deux amusants chiffonniers, des sièges bas et commodes, un guéridon, etc., pièces un peu disparates, mais dont le charme est précisément de voisiner d'une façon agréable. Aux murs, une étoffe d'un vert argenté à ramages. Beaucoup d'esprit, d'ingéniosité et de talent, goût hardi et pur.

Une grande table au plateau rectangulaire, un meuble d'appui en bois sombre meublent le vestibule composé par MM. Lahalle et Levard. Travail de haute qualité.

Les mêmes artistes exposent à côté une chambre à coucher exécutée par MM. David frères, de Marseille, et qui eût gagné beaucoup à être présentée dans un ensemble décoratif plus harmonieux.

Il y a une recherche d'originalité dans la chambre à coucher de MM. Rambaudi, d'Antoine et Cie, mais peut-être trop évidente. Bien étudiée, habilement construite, les meubles sombres reposent sur des billes d'ivoire. Cela paraît d'un goût un peu exotique, non sans attrait, du reste.

Moins d'originalité voulue dans l'ensemble des « Arts de France », mais réussite parfaite. La décoration murale grise et or crée une ambiance paisible, où le ton violet des meubles s'impose avec douceur. C'est d'un grand charme.

La maison « Au Bûcheron », récemment entrée dans le mouvement de rénovation du mobilier, a placé dans le vestibule qui termine au sud la Galerie Selmersheim un grand bahut en chêne massif, vrai modèle d'adaptation intelligente de l'esprit contemporain à la technique traditionnelle. La salle à manger qui suit, disposée en rotonde sous une vaste coupole d'où descend un grand lustre de cristal, est de haute allure. L'acajou satiné des meubles, leurs lignes amples et arrondies, le dossier incurvé des sièges, tout concourt à unir ici l'impression de confort intime à l'impression d'opulence. Plus loin, nous retrouvons la même préoccupation, avec une originalité un peu plus accusée dans le boudoir au grand divan entouré de laques d'argent.

La galerie-vestibule de M. Edgar Brandt offre une ample, très brillante et très variée démonstration des emplois du fer forgé au luminaire et à la décoration générale : des appliques, des lustres un lampadaire, des consoles, une grille d'intérieur. Il y a là, présenté de la manière la plus heureuse, un résumé très expressif des apports si nombreux et si personnels de l'auteur à la technique du métal.

A côté, le bureau de renseignements de la Classe 7 a été aménagé par les établissements Eagle, avec cette entente de l'ordre, de la netteté, de la clarté, qui doit caractériser le mobilier administratif d'aujourd'hui.

La maison Mercier frères, une des plus anciennes du faubourg Saint-Antoine, fut aussi une des premières à se rallier au mouvement moderne. Sa grande salle à manger conçue par M. R. Quibel n'est pas une de ces œuvres d'inspiration sage et modérée par quoi l'industrie manifeste à l'ordinaire si prudemment son adhésion aux idées modernes. C'est une création résolument originale. L'originalité est tout d'abord dans le cadre ; une pierre grise à coulées mauves, décorée de grands panneaux où se jouent les bruns, les violets et les verts ; une frise de marbre rose ; un tapis jaune à ramages noirs, des glaces aux pans coupés. Dans ce décor aux tonalités glauques, la cheminée de marbre vert, les sièges tendus de vert, accusent l'impression de fraîcheur et de recueillement. Et comme la vaste table de palissandre poli, aux coins abattus apporte bien dans cette ambiance hardiment colorée la note paisible qui convenait ! A ce bel et riche ensemble on pourra peut-être reprocher un trop certain excès de recherche. Il faudra bien reconnaître qu'il se justifie par la réussite élégante des moindres détails.

Une partie du public et non la moins estimable, aime à se laisser guider non seulement dans ses hardiesses, mais jusque dans ses habitudes. C'est pourquoi l'autorité du nom intervient d'une façon si efficace dans la propagation des idées nouvelles. Celui de Sormani, comme celui de Mercier semblera longtemps encore une garantie rassurante à qui s'aventure d'un pas hésitant dans les nouveaux domaines de l'art. Confiance justifiée non seulement par le passé dont elle s'inspire mais par les responsabilités qu'elle impose à celui qui en est l'objet. Réjouissons-nous de voir ces responsabilités acceptées presque partout avec entrain et décision. M. Charles Thiébaux, chef actuel de la maison Sormani, a réalisé avec la collaboration de M. Raoul Lux un ensemble moderne qui est déjà un ensemble de style, et de grand style. On sent que l'œuvre a été longuement méditée avant et pendant sa réalisation. Le choix des matériaux, le sérieux de la technique semblent vouloir effacer ou rejeter à l'arrière plan la part de nouveauté, d'invention, laquelle pourtant est notable et intéressante. Aussi, quelle harmonie sereine dans ce salon cossu et discret et dans la salle à manger qui lui fait suite ! Un goût de somptuosité se révèle dans les tentures murales, dans les marqueteries d'ivoire, dans l'ampleur des meubles. Mais en même temps s'y affirme la notion délicate d'une intimité raffinée, accueillante aux nuances, prompte à saisir le charme d'un accessoire, d'un détail. A la vérité, ces intérieurs de la maison Thiébaux-Sormani nous apparaissent saturés de pur esprit français.

C'est le même éloge que nous adresserons sans réserve aux ensembles composés par M. Montagnac pour M. Sangouard, un hall et une salle à manger dont le caractère majestueux n'exclut ni la grâce, ni le charme intime et dont chaque meuble, chaque élément décoratif a été l'objet d'une attention experte.

Dans le même esprit d'originalité discrète, quoique dans des proportions moindres, nous signalerons la réussite parfaite de M. Bouchet avec un studio édité par la maison du Confortable et avec une chambre à coucher exposée par la maison Soubrier. M. Bouchet est parmi les artistes d'aujourd'hui un des mieux qualifiés pour inspirer l'industrie et la diriger vers des réalisations à la fois neuves, originales, et accessibles à la clientèle courante. Chez lui, le décorateur, l'inventeur de formes s'accompagne d'un technicien versé dans la connaissance du matériel moderne. Il y a un rôle important pour M. Bouchet dans l'évolution présente du meuble, et il saura le remplir.

Chez M. Bernaux, le raffinement, le souci du détail, font place à une franchise d'accent, à une vigueur d'expression devenue aujourd'hui exceptionnelles. Meubles d'acajou massif, aux lignes grasses, aux surfaces amoureusement sculptées. On peut ne pas goûter l'abondance de cet art; ce qu'il y a en lui de sain, de généreux, de viril est incontestable. Et ce serait omettre un aspect très particulier des recherches actuelles que de ne le point mentionner.

Il faut convenir cependant que le goût contemporain semble aller de préférence à des harmonies, moins vigoureuses, peut-être mais plus raffinées, comme celles, par exemple, que réalise M. A. Fabre dans une salle à manger éditée par M. A. Decaux et M. R. Maous, avec l'acajou de Cuba traité en belles surfaces planes avivées de marqueterie, et une décoration murale allant du gris au mordoré. Ou encore comme la chambre à coucher de M. Ghislain Ringuet, exécutée par la maison Tarlé et Cie, en palissandre verni et poirier blanc, et présentée dans un harmonieux cadre de tentures et de tapis dû à M. Bénédictus.

La salle à manger présentée par MM. Épaux et fils est de M. Bouchet, déjà cité. Elle groupe de bons meubles, de formes sobres et pratiques, très soigneusement exécutés en palissandre de Rio. M. Epaux, qui prêta dès 1900 son concours d'éditeur aux artisans modernistes doit être félicité de sa persévérance, dont il récolte aujourd'hui les fruits.

Il nous reste à mentionner dans la même Galerie la très belle salle à manger de M. Jules Leleu, exécutée en ébène macassar et accompagnée d'un petit salon de repos d'une distinction parfaite ; une autre salle à manger, faite de matériaux moins somptueux mais très réussie dans sa sobre et claire harmonie, celle de MM. Georges et Gaston Guérin ; enfin la salle de bains précédée d'un boudoir de M. Jacob Delafon, dans laquelle les architectes H. et A. Barberis ont su multiplier sans surcharge, mais avec une réjouissante abondance, les voluptés visuelles les plus délicates et les agréments du confort le plus pratique.

Galerie C

Tout un côté du hall de M. Pierre Chareau est occupé par une suite de pièces éditées par les magasins du Printemps et constituant, dans leur succession logique, l'installation d'une villa ou d'un appartement à l'usage d'une famille de la classe moyenne. Les lois de l'espace et du prix, qui pesaient de tout leur poids sur ce problème, en rendent la solution fort captivante. Les pièces principales, la salle à manger et la chambre, donnent une impression de très confortable demi-luxe. Pour la chambre d'enfant, le cabinet de toilette, le vestibule, la cuisine et l'office, nous avons une suite d'exemples qui tendent à prouver, non sans esprit que, dans une certaine mesure, un aménagement bien étudié peut suppléer au défaut de place.

La salle à manger, par M. Burkalter, est en merisier. Simple menuiserie, lignes droites, sièges garnis d'un gros lainage gris. Tout l'effet est demandé à la couleur, et c'est un effet de gaîté bon enfant, où le rouge des tentures répond au rose vif du bois. Le fond de la pièce est aménagé en salon, boudoir ou fumoir : petit divan, grand fauteuil, table basse, et le casier à livres.

A côté, Mme Madeleine Sougez a installé la cuisine et l'office dans la même note de souriant sens pratique. Dans une armoire de frène, les casseroles sont à l'abri de la poussière. Peinture blanche, carreaux vernissés jaune d'or emmagasinent la lumière et réclament un entretien méticuleux mais de réalisation aisée. L'univers gastronomique se presse avec méthode dans l'armoire vitrée de l'office.

Pour la chambre à coucher une note plus chaude, un peu plus de luxe s'imposent. Les meubles sont en paracarmino, bois sombre veiné de jaune, qui n'est pas sans analogie avec l'ébène de macassar, et qui s'accommode à merveille d'une bordure d'acajou. Le lit règne en maître. L'armoire à portes pleines, un étonnant petit bureau qui s'efface, des sièges bas et commodes, lui font un entourage discret. Une étoffe presque somptueuse habille les murs et la fenêtre. Tout le cachet qu'un goût à la fois pur et original et un sentiment très féminin de l'élégance peuvent donner à une installation aussi simple, Mme Chauchet-Guilleré l'a ici prodigué.

Pour la chambre d'enfant, lambrissée de natte grise, M. Louis Bureau a dessiné des meubles amusants et solides ; et M. René Gabriel a su créer dans un angle un cabinet de toilette avec douche auquel ne manque pas l'indispensable.

De l'autre côté de la Galerie, un petit oratoire, composé par M. André Mornet et exécuté par le groupe Georges Merklen, à Angers, offre le double intérêt d'une application des idées modernes à l'art religieux, et d'un effort de décentralisation artistique aussi louable que ceux déjà rencontrés précédemment. Avec son autel de pierre surmonté d'un cintre à double voussure orné de têtes d'anges en haut-relief, avec son Chemin de Croix en mosaïque très colorée, incrusté dans de hauts lambris d'acajou, avec ses vitraux largement traités, cet ensemble paraît d'inspiration orientale. La complexité de ses éléments décoratifs n'est pas sans contrarier l'impression de mystère que l'on s'attend à trouver dans une chapelle. Mais nous pensons qu'il ne convient pas d'insister sur cette réserve, le but poursuivi par M. Merklen ayant probablement consisté à réunir en cette circonstance des exemples de belle technique et d'art religieux moderne aussi nombreux et variés que possible.

Le stand voisin abrite une autre tentative provinciale, celle du Comité de Touraine, qui présente une chambre à coucher de M. Louis Fresc, agréable à voir et soigneusement exécutée.

D'une distinction aisée, sans ostentation et sans effort, mais très juste de ton est l'ensemble qu'expose la maison Dimea, dirigée par MM. Pierre et Max Bloch. Il s'agit d'une chambre de jeune fille, réalisée dans une harmonie grise et rose, aussi éloignée de la banalité que de la mièvrerie. Là encore, nous rencontrons la préoccupation si souvent impérieuse dans un appartement citadin, d'utiliser le plus complètement et le plus agréablement possible un espace mesuré. Le galbe arrondi des meubles accentue l'impression de douceur et de confort. De chaque côté du lit, un meuble d'angle, coiffeuse et petit bureau.

Dans la salle à manger éditée par la maison Hartmann, M. François Ken demande presque tout l'effet décoratif aux matériaux. L'acajou réchauffe de sa tonalité rougeâtre les belles surfaces sombres, veinées de jaune, de l'ébène macassar. C'est d'un goût parfait, un peu grave peut-être. La grande table au plateau en octogone allongé, supporté au milieu, par quatre petites colonnes cylindriques, le buffet et la desserte simples de lignes et harmonieux de volume sont des meubles sérieux et louables. Les sièges nous ont paru moins satisfaisants.

GALERIE D

M. Gouffé jeune ne poursuit pas l'inaccessible. Son effort méritoire et habilement conduit tend à faire agréer par une clientèle moyenne les créations du goût contemporain. Il s'est entouré, en vue de ce résultat, de collaborateurs jeunes et ingénieux, qui, à défaut de réputation et d'autorité, ne manquent ni de talent ni de savoir-faire. Pourtant, dans le cabinet de travail qu'il expose au stand 78, on souhaiterait, autour de meubles aussi réussis, une décoration d'ensemble plus une et plus personnelle. Il ne tient qu'à M. Gouffé de connaître des succès plus éclatants : il n'aura qu'à viser plus haut.

M. Louis Pimpaneau, qui lui aussi est du faubourg Saint-Antoine, compose avec la collaboration de M. Gaston Thomas un « living-room sur la Riviera ». On discerne déjà une intention d'originalité dans le choix de ce thème qui admet la fantaisie et ne s'oppose point à quelque complexité. Il a donné lieu à une réalisation agréable. Toute une famille de petites tables pour le jeu, le thé, le lunch, une vitrine, une étagère, des sièges variés, font cortège au large divan qui affirme la note intime de cet ensemble chatoyant.

M. Roger Bal compose en peintre. Aussi trouvons-nous dans ses ensembles, à côté de vraies et solides qualités, une part de fantaisie déconcertante. Il y a trop de fleurs et trop de couleur dans sa salle à manger bleue, et des détails dont le charme paraît peu durable, comme le dossier des sièges, par exemple. Si nous pensons avec M. Bal qu'il convient de réagir contre la préférence de certains décorateurs pour un mobilier aux lignes sépulcrales, nous ne pouvons nous dissimuler les inconvénients d'une gaîté trop facile, trop factice, et vite obsédante.

Encore que chez eux un goût plus difficile ait présidé au choix des éléments, MM. Meyniel frères tombent aussi dans le piège d'une originalité aux moyens trop faciles. Leur salle à manger dessinée par M. Maurice Roger propose une harmonie générale orange et argent, des sièges garnis de peau de serpent. Tout cela ne manque ni de richesse ni d'éclat, mais on y cherche en vain le doux refuge de l'intimité. Meubles d'Exposition, dira-t-on ? Peut-être l'argument est-il valable.

Le hall pour un Syndicat d'Initiative en pays basque, par M. Benjamin Gomez, est fortement empreint d'originalité locale. Œuvre d'adaptation, méditée avec goût et brillamment réalisée avec le concours d'un groupe de peintres et sculpteurs qui aiment le pays basque où qui y sont nés, ce qui est bien la première, sinon la plus valable, raison de l'aimer, de l'exalter.

Les trois ensembles de la Société Anonyme « L'Art du Bois », une salle à manger, un cabinet de travail, une chambre, réalisés avec le concours de M. René Prou, constituent d'attrayants exemples de ce que pourra devenir dans quelques années la belle production industrielle courante : collaboration étroite du décorateur et du fabricant, adoption des thèmes simples et expressifs, d'interprétation facile, et par suite pénétration de plus en plus générale dans le public des meubles sains, honnêtement faits, plaisants à voir, qui finiront par être préférés aux banales imitations d'ancien.

Grand divan rose, étoffes dorées, velours gris encadrant dans une harmonie douce des meubles en bois veiné, rehaussé d'incrustations d'ivoire : le petit salon de M. Louis Doumergue est une improvisation réussie.

Composée par M. René Gabriel, la cuisine des établissements Harmand est gaie, claire, commode. Succès surtout féminin.

Encore trois salles à manger sans recherche d'originalité frappante, mais bien composées et exécutées avec soin : celles de MM. Marlier-Cochet et Cie, que complète un fumoir confortable; celle de MM. Pérol frères, en chêne et zebrano, avec une table carrée à coins abattus ; celle de la maison Chambry (Ayasse, successeur) où la sculpture intervient dans une mesure discrète.

M. Majorelle n'est pas seulement un précurseur, mais surtout un des artistes qui poursuivent avec le plus de compétence et de persévérance l'étude de la réalisation d'un mobilier contemporain. Il est représenté à l'Exposition par un important cabinet de travail, thème d'installation qu'il a souvent abordé et qui convient à son talent viril, à son goût de la somptuosité et des effets vigoureux. Ce studio majestueux, étudié avec la collaboration de M. Alfred Lévy, témoigne par l'ampleur des proportions et par le choix, par le groupement heureux des matières, d'une réelle maîtrise. M. Majorelle demeure fidèle aux harmonies complexes, il ne partage pas le goût si déterminé d'aujourd'hui pour les surfaces lisses, pour les lignes simples et pures. Mais ce qu'il crée s'impose et demeurera, par la vertu de l'inspiration élevée, du travail noble et scrupuleux.

M. Ausseur, autre précurseur, envoie depuis de longues années aux Expositions de belles et rationnelles menuiseries. Dans la chambre de jeune homme qu'il a réalisée avec ses fils, MM. François Ausseur, architecte, et Etienne Ausseur, sculpteur, nous le voyons toujours fidèle au chêne clair, au beau métier et aux recherches d'aménagements pratiques.

MM. Béligant et Fernand avec une fort belle salle à manger en ébène de Macassar, M. Finkel avec un mobilier de salon dessiné par M. René Herbst, méritent également des éloges. Et il nous est agréable de terminer ce compte-rendu par le très original studio de la maison Klotz et Cie dont on a admiré la conception savoureusement personnelle. Ici, le raffinement s'exerce en simplifications. La ligne droite règne en souveraine. Tabourets géométriques de ligne et de décor, murs grossièrement crépis, haute cheminée rustique, table qui est aussi un coffre à livres, un coffre en pyramide reposant sur sa pointe. Quelqu'un a défini le caractère de ce hall en disant que l'ambiance en est d'une neutralité raffinée. Définition ingénieuse dont nous nous contenterons, n'ayant pas à ouvrir ici un débat sur le point de savoir s'il est difficile de créer une « ambiance neutre » et si c'est bien là le rôle que notre siècle se dispose à accorder au décorateur.

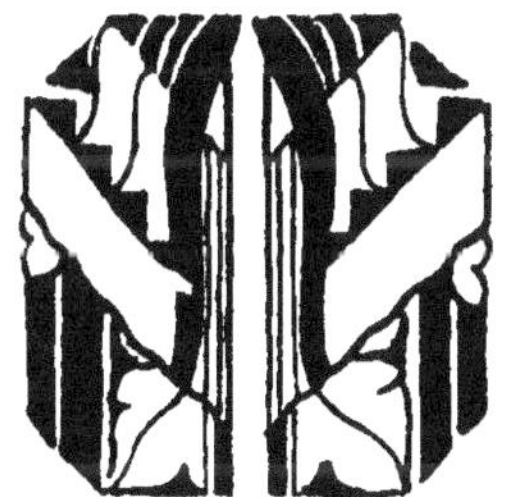

ENSEMBLES de MOBILIERS réalisés en dehors de la Classe 7

Le rôle d'un rapport d'Exposition est purement documentaire. Il s'adresse moins au présent qu'à l'avenir. Des Expositions Universelles qui se succédèrent à intervalles plus ou moins longs depuis un siècle, et dont chacune apporta aux contemporains des informations si nombreuses et si précieuses, que resterait-il s'il ne restait des rapports ? Ces ouvrages conçus dans l'obscurité, et destinés à l'obscurité, n'ont de chances de rencontrer quelques lecteurs que longtemps après la disparition de l'auteur. Alors qu'ils s'élaborent, qui ne préférerait en effet aller voir les œuvres elles-mêmes, plutôt que d'en chercher l'analyse dans un écrit que son caractère même condamne à l'impersonnalité ? Mais le temps passe, les idées d'un temps vieillissent, ses tendances sont oubliées, mal connues. Et voilà l'utilité des Rapports, qui fournissent et fourniront aux historiens des indications exactes, consciencieuses, impartiales, sur l'effort d'un moment.

Cette conception de notre rôle, pour peu ambitieuse qu'elle soit, nous a cependant porté à en dépasser les limites ordinaires, afin de ne pas trop décevoir nos problématiques lecteurs des siècles futurs. Le rapporteur de la classe 7 aurait dû sans doute borner ses observations aux Ensembles Mobiliers compris dans la Classe 7, et dont il a eu pour sa part à connaître la genèse, ainsi que les conditions d'aménagement et d'installation. Mais il lui a paru qu'un Rapport sur les Ensembles Mobiliers risquait d'être fort incomplet s'il négligeait les très importantes réalisations poursuivies en dehors de l'action et du contrôle du Comité dont il est membre. C'est pourquoi il a cru devoir s'imposer la tâche, fort attrayante, d'ailleurs, d'esquisser la physionomie des principaux groupes d'Ensembles Mobiliers disséminés dans l'Exposition en dehors des emplacements attribués à la Classe 7.

Le plus important de ces groupes est l'Ambassade Française organisée sous le patronage du Ministère des Beaux-Arts par la Société des Artistes Décorateurs. Encore est-il regrettable qu'il s'agisse d'une Ambassade supposée, et non d'un mobilier destiné à une Ambassade existante, ce qui en imposant au problème des données plus précises, eût rendu sa solution plus digne d'un examen critique. La première loi dont il faut tenir compte en présence d'un projet de ce genre est en effet la loi architecturale. L'architecture commande l'aménagement intérieur. Si l'on fait abstraction de l'architecture, tout devient arbitraire dans la décoration intérieure et le mobilier. Les ressources ayant manqué pour construire comme on l'eût souhaité un Palais d'Ambassade, on a mis à la disposition de la Société des Artistes Décorateurs les Galeries qui entourent la Cour des Métiers. Les locaux de l'Ambassade se trouvent ainsi constitués par une série de pièces de plain-pied, en enfilade, ce qui laissait plus de liberté que de ressources à l'imagination des décorateurs. L'ensemble se ressent non seulement de cet inconvénient du local, mais aussi de la hâte dans lequel il fut improvisé, et du défaut d'orientation générale. C'est merveille que l'on ait à peu près réussi à éviter la cacophonie. Mais au fond, nous retrouvons dans les détours de cette Ambassade tout ce qui caractérise les Expositions annuelles de la Société des Artistes Décorateurs, c'est-à-dire un particularisme effréné, des voisinages qui déconcertent, beaucoup d'excellentes choses et autant de médiocres.

Le grand salon de réception a été composé par MM. Pierre Selmersheim et Henri Rapin. On y marche sur un magnifique tapis d'Aubusson de M. Bénédictus, parmi des meubles de MM. Bouchet, Leleu, Jallot, Montagnac, Nathan, qui voisinent sans désaccords comme sans liaison. Le piano est de MM. Sue et Mare. Avec la grande fresque de M. Jaulmes et surtout les splendides portes de M. Brandt, en fer forgé recouvert d'argent sur un fond de glace, l'ensemble prend un air de haut luxe suffisamment officiel.

Le petit salon, par M. Maurice Dufrène, au contraire offre avec sa tonalité chaude et ses courbes multipliées une retraite d'intimité raffinée. Tout à côté se trouve un fumoir de M. Dunand dont les murs sont de laque noire, le tapis rouge, les sièges gris, et certains motifs d'ornementation assez discutables.

La note sévère du bureau de l'Ambassadeur, par MM. Boileau et Carrière, n'a rien d'inattendu. Elle est affirmée par des meubles sombres et des sièges spacieux, disposés entre des murs blancs : mélange d'opulence, de confort et de froideur. Un seul sourire, hautain, d'ailleurs, dans cette gravité : la grande bibliothèque en acajou incrusté d'ivoire, de M. Ruhlmann.

Par un « Hall de sculptures » autrement désigné : hall d'attente d'un ministère des Beaux-Arts, œuvre grave aussi, mais très réussie de MM. Michel Roux-Spitz (Barbedienne, éditeur), on gagne une Galerie d'art du même architecte, et de là l'aile réservée aux appartements particuliers de l'ambassadeur : la chambre de Madame, beige et rose, meublée de galuchat, par M. André Groult, celle de Monsieur, composée par MM. G. Chevalier et L. Jallot : meubles de macassar, grand lit couvert d'une fourrure sombre, tapis gris ; celle d'une jeune fille, par M. René Gabriel. Enfin une suite de pièces parmi lesquelles on a remarqué le cabinet de travail de M. Pierre Chareau, la salle de musique, de M. Sézille, et le jardin d'hiver, de M. Mallet-Stevens.

Dans l'Hôtel d'un Collectionneur, édifié par le groupe Ruhlmann, la pièce principale est un grand salon en rotonde où l'on semble avoir voulu réserver tout l'effet à la décoration murale, en n'y disposant que des meubles trapus, comme ramassés sur eux-mêmes. La tenture est une soierie grise à motifs de vases et guirlandes qui ne manque point d'opulente lourdeur; M. Stéphany en est l'auteur. La flore intervient aussi largement sur le tapis, de M. Gaudissard et sur la tapisserie qui garnit les sièges. Il y a là un grand meuble en laque de M. Dunand dont le panneau principal affronte deux animaux probablement préhistoriques. Ensemble grandiose et qui met fort en valeur les ressources de M. Ruhlmann, mais dont la décoration est trop imagée à notre gré et faite d'éléments disparates. Il nous semble aussi que le luminaire, composé d'un grand lustre central à garniture de cristal, et d'une série d'appliques assorties, marque vraiment trop sa présence.

La salle à manger, le cabinet de travail, la chambre et même le boudoir portent la marque du talent réfléchi de M. Ruhlmann et de son goût pour les lignes puissantes et les harmonies sombres. Il y a lieu de rendre hommage aux convictions sérieuses, à la science technique et au sens très élevé du luxe que révèle son imposant effort.

Il y a aussi un spacieux salon en rotonde dans le « Musée d'Art Contemporain » de MM. Sue et Mare (Compagnie des Arts français) et là encore les tentures et tapisseries sont très illustrées. On voit des fleurs et des fruits sur les murailles, et des scènes à personnages sur le dossier des sièges. De la coupole descend un grand lustre de verre en forme de corbeille. En dépit de ces rencontres, l'art de MM. Sue et Mare est très différent de celui de M. Ruhlmann. Il semble plus facile, et il est plus brillant.

La Société de l'Art appliqué aux Métiers s'était donné pour programme l'aménagement d'une habitation moderne. Ses réalisations ne dépassent pas une honnête moyenne, et bien qu'elle ait fait appel à des collaborations nombreuses, on éprouve ici une impression d'égalité assez déconcertante. Le cabinet de travail de M. Eric Bagge, exécuté par la maison Saddier et fils, le boudoir de M. P. Sardou, exécuté par M. Madier et le grand salon, composé par M. H. M. Magne (les meubles exécutés par M. Roumy) avec la cuisine de M. J. Bonnier, nous ont paru les parties les plus réussies.

On sait que chacun des principaux magasins de nouveautés de Paris possède aujourd'hui un atelier d'art moderne dirigé par un artiste décorateur éminent, et que tout en étant de réalisation récente encore, cette innovation a néanmoins déjà amélioré et enrichi, dans une mesure très satisfaisante, la production de certaines catégories d'objets, notamment la céramique, la verrerie, l'orfèvrerie, les papiers et étoffes de tenture, l'ameublement en général. Il y a là, pour le goût d'aujourd'hui, un moyen de propagande très efficace et dont les résultats ne peuvent être qu'excellents. Les grands magasins de nouveautés ont naturellement tenu à présenter à l'Exposition de 1925 les travaux de leurs ateliers d'art moderne, et ils l'ont fait d'une façon qui témoigne à la fois du sérieux de leur tentative et de l'ampleur qu'ils entendent lui donner. Quelle victoire, pour les décorateurs contemporains, que cette adhésion si résolue du commerce et de l'industrie !

En visitant les Pavillons des grands magasins parisiens on constate tout de suite que loin d'obéir à un courant déterminé, à un snobisme comme on pouvait craindre que cela se pratiquât sur un terrain si voisin de la mode, chacun d'eux apporte dans sa production d'art moderne une entente, des conceptions, des moyens qui lui sont

propres. De cette indépendance et de cette personnalité si franchement exprimées, nous déduirons une activité et un désir de réalisation dont la portée ne saurait être mise en doute.

Les Grands Magasins du Printemps avaient devancé leurs concur-
rents en fondant dès 1912 l'atelier Primavera. Est-ce à cette ancien-
neté relative que le Pavillon de Primavera doit de présenter des
œuvres d'une originalité plus accusée, d'un modernisme plus auda-
cieux que ses voisins ? La salle à manger et le cabinet de travail de
M. Guillemard, le boudoir et la chambre de M. L. Sognot et jusqu'au
piano de Gaveau également dessiné par M. Sognot mettent en évidence le parti-pris constructif. Rien que des lignes sobres et robustes,
des surfaces nues. Le rôle de la grâce et de la gaîté est laissé à la couleur et à la nature propre des matériaux, des tentures et des tapis.
Dans son ensemble, le Pavillon Primavera constitue un véritable
exposé de doctrines. Il honore grandement Mme Chauchet-Guilleré,
ses conseillers, MM. Ruhlmann et R. Guilleré, et tous ses collaborateurs.

La personnalité si française de M. Maurice Dufrène apparaît
dans chaque détail du Pavillon de la Maîtrise (Galeries Lafayette).
On sait qu'elle répugne à la violence, mais qu'elle excelle à convaincre. Ici, ni théories, ni parti-pris constructif ou autre, mais une
aptitude merveilleuse à aborder les problèmes les plus variés et à les
résoudre avec une élégance souple, aisée, souvent brillante. Les dons
si remarquables et si variés de M. Dufrène, nous les trouvons réunis
dans cette circonstance avec l'imagination la plus libre et la plus inven-
tive. Quelques-uns des mobiliers réunis au Pavillon de la Maîtrise
ne sont peut-être pas aisément transportables dans la vie courante.
Ce sont des mobiliers d'exception, tel qu'un artiste d'aujourd'hui se
plairait à en inventer pour un prince qui tiendrait du passé le goût de
l'apparat, et du présent la sensibilité la plus chercheuse, jointe à une
culture littéraire extrêmement raffinée. Il y a là une salle à manger
grise et bleue qui tient de la féerie, avec sa table de cristal et d'acier
poli, où le jeu des eaux répond aux jeux de la lumière. Comme cette
féerie s'harmonise aux élégances d'aujourd'hui, décolletés hardis,
soies légères aux tons rares, et comme on voit tout de suite ce que
serait le dîner de ce soir autour de cette table si charmante et si fraîche
dans sa somptueuse nouveauté ! Même raffinement dans la chambre
de dame, tout en blancheurs et en sinuosités. La chambre d'homme

a le charme profond d'une retraite dont tous les agréments de confort et de sens pratique seraient comme voilés de simplicité. Et dans la bibliothèque voisine, un plan très inattendu a donné lieu à l'aménagement le plus original. M. Maurice Dufrène est peut-être un poète et sans doute un psychologue. En tout cas chacun de ses intérieurs possède une âme, une âme très voisine de celle qui habite les livres les plus aigus d'aujourd'hui. Mais pour atténuer ce que cette appréciation peut suggérer de littéraire, n'omettons pas d'ajouter que M. Dufrène est avant tout un technicien, qui aime à se poser des problèmes difficiles, pour ce que peut contenir de neuf et d'inédit leur solution. On ne saurait renouveler l'aspect des meubles sans renouveler dans une certaine mesure leur construction.

Au Studium du Louvre règne la diversité. Si un modernisme accentué caractérise le cabinet de travail composé par M. Djo Bourgeois, le salon de réception de MM. André Fréchet, Lahalle et Levard, en amarante et bois argenté, et surtout leur boudoir en citronnier, sont conçus dans une note qui paraîtra plus rassurante aux amateurs de meubles modernes dont le goût hésite encore. Avec la salle à manger de M. Maurice Motet et la chambre de M. Kohlmann, nous revenons à des conceptions plus hardies, rendues cependant acceptables par la recherche de logique qui en forme la base, par l'heureux choix des matériaux et par les neuves harmonies qui en résultent.

Au Pavillon édifié par le Bon Marché pour abriter les créations de l'atelier Pomone, que dirige avec une haute compétence M. Paul Follot, l'ambiance est plus paisible. Nulle part on n'a mieux réussi à continuer les styles français. Par-dessus l'orage révolutionnaire et l'épopée impériale, M. Follot renoue le lien avec une sûreté et une autorité incontestables. Ses meubles sont d'aujourd'hui par leur proportion, par leur disposition, par leur galbe. Mais ce ne sont pas des meubles « trouvés » comme tant d'autres. A les voir, on sent qu'ils ont une famille, qu'ils proviennent d'une lignée. Il n'est pas douteux qu'ils sachent plaire, par cette qualité tout d'abord, à la clientèle pour laquelle ils furent conçus et réalisés, clientèle sage, éprise de traditions, modérée dans ses tendances et prudente dans ses recherches. Ils sauront encore lui plaire ensuite par leur adaptation raisonnée à la vie présente, par la distinction extrême et le luxe de bon aloi qui les caractérise. Le salon et la salle à manger exposés au rez-de-chaussée nous ont paru très caractéristiques à ce point de vue. Comme harmonie générale, comme couleur et comme lignes, on ne saurait rien trouver de plus plaisant. C'est la perfection sous un aspect paisible élégant, cossu et recueilli. Peut-être trouvera-t-on une part d'invention plus marquée, une personnalité plus libre dans certains détails du boudoir, par exemple, ou de la chambre d'homme. Nous nous contenterons d'y voir la preuve que M. Follot atteindrait facilement s'il le voulait, à ces effets d'originalités et même de hardiesse dont l'exemple est si fréquent à l'Exposition. Il préfère discipliner sa manière et lui imposer la tutelle du goût le plus discret. Nous sentons trop ce que cette réserve comporte de tact, de savoir et de conscience pour ne pas associer notre suffrage à celui des nombreux admirateurs de M. Follot.

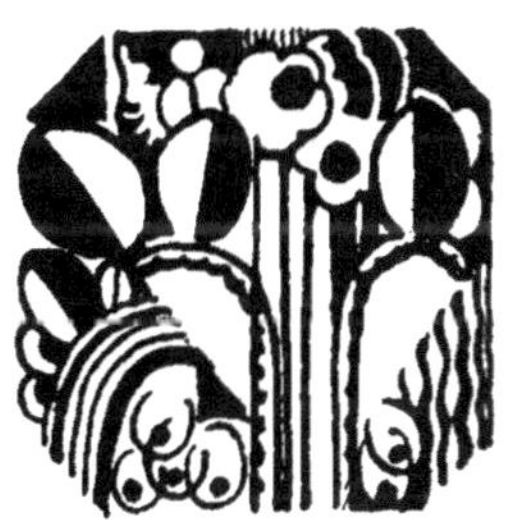

Chapitre VI

Conclusions

Nous concluons comme il convient, non par des déductions, mais par des constatations, lesquelles nous paraissent ressortir directement de l'exposé contenu dans les pages précédentes.

Il ne serait pas difficile de trouver à l'Exposition une centaine au moins de meubles qui, par les particularités de leur conception, par le choix des matériaux employés, par la qualité du travail d'exécution, sont dignes de voisiner dans un palais ou dans un musée avec les plus belles pièces du dix-septième et du dix-huitième siècles.

D'autre part, on rencontre dans la section française un bon nombre d'ensembles qui, tout en s'inspirant résolument des manières de vivre et du goût contemporains, donnent cependant une impression très caractérisée d'harmonie, d'équilibre, de stabilité dans le temps.

Les arts du Mobilier, en France, ont donc réussi à vaincre les diverses causes de stérilité qui les éprouvaient depuis plus d'un siècle, et à l'encontre desquelles une lutte persévérante se poursuit depuis trente ans.

Artistes et artisans ont désormais fourni la preuve qu'ils sont capables d'égaler leurs devanciers dans la conception et dans l'exécution d'un beau meuble, et cela en y faisant participer une philosophie nouvelle, des matériaux nouveaux, un sens nouveau de la beauté, dicté par les mœurs, les usages, les nécessités du temps présent. Et d'autre part, ayant réussi dans la technique, ils ont également réussi dans la présentation, puisqu'ils sont parvenus à doter les intérieurs d'aujourd'hui d'une physionomie qui leur est propre et qui, en même temps, satisfait pleinement notre goût.

Ces résultats considérables auront certainement sur la réputation des industries françaises de l'ameublement, et sur leur rayonnement dans le monde, les conséquences les plus heureuses. Il n'est que juste de rappeler ici qu'ils sont dus avant tout aux artistes, à une petite phalange de décorateurs dont les convictions tenaces, la persévérance et le talent surent résister aux épreuves des vingt dernières années, et préparer l'action des continuateurs pendant une nouvelle période qui s'annonce comme celle des réalisations.

L'adhésion des fabricants est dès aujourd'hui un fait accompli. Elle a été devancée, du moins elle se complète fort utilement de l'adhésion des grands magasins de nouveautés, qui constituent les plus puissantes organisations commerciales de notre époque, celles qui agissent le plus directement sur le public, avec le maximum de mise en scène et de résultats. Les grands magasins ont compris la nécessité d'associer les artistes à leur campagne en faveur de la production moderne. Chacun d'eux s'est assuré le concours d'un maître décorateur dont le nom fait autorité, et dont la personnalité résume un idéal particulier, un talent et des conceptions qui répondent aux préférences d'une clientèle déterminée. Grâce à cette intelligente compréhension des affaires, Paris possède dès aujourd'hui, en dehors des retraites silencieuses où l'art n'élabore que des œuvres de grand caractère et de haut prix, cinq ou six ateliers qui, par l'organisation artistique rappellent ceux des maîtres du dix-huitième siècle, mais avec, à leur disposition, des moyens de réalisation beaucoup plus étendus, donc des possibilités matérielles beaucoup plus grandes d'atteindre et de séduire une clientèle de plus en plus nombreuse.

Tous les fabricants soucieux d'éviter la platitude et la banalité auront à s'inspirer de cet exemple. Nous verrons ainsi se multiplier les groupes d'artisans travaillant sous une direction à tendances nettement caractérisées. Des groupements de ce genre existent déjà en province, nous en avons rencontré plusieurs à l'Exposition. Plus ils s'inspireront des caractères locaux, plus ils sauront colorer de sève provinciale les données générales de l'art moderne dont ils s'inspirent, mieux ils réussiront et plus sera efficace leur participation au mouvement.

Il ne saurait suffire en effet que l'industrie adopte certaines directives aujourd'hui formulées, certains points de vue acceptés par la clientèle, et qu'elle en fasse son profit. Une conception aussi erronée de la production moderne la conduirait, sur ce terrain nouveau, aux mêmes copies vulgaires et sans saveur, aux mêmes imitations et aux même faux luxe que l'exploitation des styles du passé. Ce n'est assurément pas le résultat qu'elle recherche, ni celui que le public attend. Il faut donc que la collaboration de l'artiste et du fabricant demeure étroite, assidue, continue, autant s'il s'agit de modèles destinés à la fabrication en série que si l'on envisage seulement des meubles de prix, des pièces reproduites à un petit nombre d'exemplaires. Cette condition devra être remplie pour que les diverses tendances manifestées dans l'ameublement contemporain parviennent à ce degré de fusion et de maturité qui annonce le style.

Nous profiterons de cette allusion au rôle de l'industrie pour expliquer la rareté dans ce Rapport, des observations touchant la technique des meubles exposés. Il nous a paru qu'ayant à traiter ici des ensembles, nous devions laisser à nos collègues de la Classe 8, le soin d'apprécier les meubles en tant que meubles, alors que nous ne pouvions, nous, considérer chacun d'eux que comme élément d'un tout. Aussi nous sommes-nous appliqué à donner un aperçu expressif, en quelque sorte un instantané, des ensembles que nous traversions, plutôt qu'une minutieuse étude des qualités de l'exécution.

Cette manière de comprendre notre rôle devait nous rendre sensible à chaque instant, l'étroite dépendance où se trouve le mobilier par rapport à l'architecture, et par conséquent ce qu'il y a forcément d'incomplet dans la signification d'une Exposition qui sépare deux branches de l'art aussi étroitement liées. Mais nous ne pouvons oublier que le même fait se retrouve à chaque instant dans la vie, et que longtemps encore, les décorateurs seront obligés de s'accommoder le plus souvent de conditions locales peu propices à la mise en œuvre de leurs conceptions. Les exposants de la Classe 7 ont donc pu accepter les dispositions arbitraires qui leur étaient imposées sur l'Esplanade des Invalides, avec d'autant plus de résignation qu'ils sont déjà entraînés à s'en contenter dans la pratique habituelle de leurs travaux.

Nous croyons que cette remarque ne devait pas être omise. Dans les pays où le petit hôtel est la formule la plus répandue de l'habitation, l'art de l'ameublement trouve des occasions plus fréquentes de s'exercer dans toute son ampleur ; il peut épouser de plus près l'architecture, il lui est plus facile d'atteindre à l'originalité sans s'éloigner de la pure logique. Dans ceux où l'habitation citadine atteint à un caractère encore plus collectif que chez nous, jusqu'à avoir pour type un compartiment d'immeuble à dix ou quinze étages comme à New-York, par exemple, l'ensemble mobilier tend à se rapprocher d'une simplicité et d'une netteté rigoureuse qui laissent peu de place à l'imagination. En France, avec nos appartements trouvés au petit bonheur et nos déménagements fréquents, nous avons nos problèmes particuliers, comme nous avons nos attachements, nos souvenirs, nos préférences. Aussi, pour comparer équitablement le mobilier français d'aujourd'hui à celui qu'exposent certaines nations étrangères, est-il essentiel de tenir compte de ces différences dans la manière de vivre et dans la possibilité de logement.

Tout au long des pages qui précèdent, nous avons été amenés à donner une place prépondérante aux meubles. C'est d'abord que les meubles, dans un ensemble, sont la raison d'être et jouent le rôle essentiel. C'est aussi que la plupart des ensembliers sont avant tout des auteurs de meubles et que, de même, leurs éditeurs sont presque toujours des fabricants de meubles. Au surplus, les étoffes et les papiers de tenture, les tapis, le luminaire, la céramique, l'orfèvrerie, font l'objet d'autres Rapports, où l'on examine avec compétence la féconde impulsion qu'ils ont reçue des artistes et des artisans contemporains. Nous n'avions donc à mentionner ici que leur apport dans la décoration générale. Il est considérable, et nous dirons plus, il y a dans son abondance et dans sa variété, quelque chose de merveilleux. Tous les arts, toutes les industries qui participent à la décoration de l'habitation ont aujourd'hui accueilli avec une ferveur joyeuse la semence de l'esprit moderne, et s'appliquent avec émulation à la faire fructifier sous des aspects innombrables. C'est grâce à cette unanimité dans l'inspiration et dans la production que l'on a pu réaliser et présenter à l'Exposition de 1925 des ensembles dont beaucoup, nous en avons la conviction, demeureront comme des points de repère significatifs dans l'histoire de l'Art Français.

Octobre 1925.

Table des Matières

■■■

Comité d'Admission 5

Jury des Récompenses 7

RAPPORT

I. Principe et objectif 9

II. Préparation 17

III. Emplacements 21

IV. Tendances générales.. 25

V. Description *(galerie A)* 35
    —   *(galerie B)* 36
    —   *(galerie C)* 42
    —   *(galerie D)* 44
    Ensembles réalisés en dehors de la Classe 7.. 49

VI. Conclusions 54

G. DE MALHERBE ET Cie, PARIS